La Casa editrice **Lupi Editore** nasce nel 2015 da un'idea di Jacopo Lupi, ed ha come obiettivo quello di dare voce e visibilità ai giovani autori emergenti, ma non solo. L'obiettivo è quello di dare alla luce libri belli, indimenticabili per i lettori.

Seguici su Facebook

E su Instagram

Hai un libro nel cassetto? Non fargli prendere polvere!

Contattaci e inviaci il tuo capolavoro, lo valorizzeremo al meglio!

Mail

lupijacopo@gmail.com

Whatsapp

3452294411

© 2024 Lupi Editore
Tutti i diritti riservati

L'opera non è riproducibile
senza l'espressa autorizzazione dell'autore

Titolo Originale dell'opera: IL FASCISMO INVISIBILE

Autore: DOMENICO CAVALCA

Collana: SAGGI

Allestimento Interno: LUPIEDITORE

Copertina: LUPIEDITORE

Un libro è in grado di cambiare il mondo in poche pagine, perché è in grado di cambiare le persone in poche pagine.

Leggi, impara, cresci e migliora la tua vita e il tuo mondo con un libro.

Ma **i libri hanno anche bisogno dei lettori**, senza di loro il libro non esiste.

Aiuta i libri a cambiare il mondo, aiuta chi li scrive a far arrivare la sua voce, aiuta chi li pubblica a far si che questa magia continui.

Se il libro che hai tra le mani ti piacerà regalaci una recensione a 5 stelle, a te costa poco ma per chi scrive e pubblica un libro vuol dire molto. Consiglialo ai tuoi amici, regalalo e fallo conoscere, **donerai alle persone le parole che in quel momento vogliono sentire.**

Se il libro non ti dovesse piacere, non lasciare recensioni negative ma scrivi all'editore cosa non ti è piaciuto e perché, ci aiuterai a migliorare, per cercare di darti sempre il meglio, e inoltre aiuterai l'autore a crescere.

Il mondo cambia grazie a piccoli gesti.

Diventa parte fondamentale insieme a noi di questo grande cambiamento!

Jacopo Lupi Editore

DOMENICO CAVALCA

IL FASCISMO INVISIBILE

PRESENTAZIONE

Prima di riassumere e presentare questo libro dal sapore satirico che ci proietta in una realtà contemporanea per alcuni aspetti ancora stagnante, vorrei brevemente soffermarmi sulla natura dei talk show. Come funziona un talk show? Letteralmente "spettacolo di parola". Formula televisiva nata negli Stati Uniti e portata al successo da Johnny Carson. Consiste sostanzialmente nel "fare spettacolo" con una o più ospiti noti o ignoti che si intrattengono in studio sui più diversi argomenti, opportunamente stimolati da un "padrone di casa". Fascisti o antifascista, questo è il problema oggi e se ne parla diffusamente nei vari talk show, specialmente da quando la Meloni o più semplicemente "Giorgia", leader e fondatrice nel 2012 del partito politico di destra "Fratelli d'Italia", eletta democraticamente dal popolo italiano, è salita al potere diventando la prima donna premier nella storia della Repubblica Italiana. Con l'avvento al potere dei partiti di centro – destra alle ultime elezioni politiche del 2022 e lo sbalzo in avanti di Fratelli d'Italia con il suo 26 per cento di consensi, partito erede del Movimento Sociale Italiano – Destra Nazionale, di cui nel dopoguerra fu tra i fondatori e segretario Giorgio Almirante, funzionario del regime fascista durante la Repubblica Sociale Italiana, poi trasformatosi in Alleanza Nazionale, di cui fin dalla sua fondazione nel 1995 ne fu presidente Gianfranco Fini (1995 – 2008), già segretario del Fronte della Gioventù e del Movimento Sociale Italiano – Destra Nazionale, al quale dal 2008 al 2009 subentrò Ignazio La Russa, inizierà da parte dei partiti di sinistra il martellamento politico per alcuni aspetti, forse, "immotivato" o forse "a giusta ragione", sui rischi di una deriva autoritaria e poliziesca. Nel loro immaginario collettivo gli attuali partiti di sinistra vedranno lo spettro di Mussolini e delle sue squallide e violente squadracce fasciste aggirarsi in ogni angolo della penisola. Ma sarà davvero così, o forse stiamo correndo troppo in avanti su un binario astratto che ci proietta in lontananza immagini del passato che ci spaventano a priori? Per la gente comune abituata a fare discorsi nei bar, come il dialogare su una partita di calcio, sul risultato della partita, sull'arbitraggio, sui propri beniamini, tutto ciò sarebbe soltanto frutto di pura utopia.

Insomma, per la gente comune, che ha altro a cui pensare, soprattutto su cosa fare per sbarcare il lunario e arrivare alla fine del mese per sopravvivere e mantenere la propria famiglia, non siamo di fronte a una deriva autoritaria, ma piuttosto a una deriva economica che potrebbe portare a disordini e al collasso sociale. Diversa è l'opinione di analisti del settore, tra cui quella di Roberto Mancini, insegnante di filosofia teoretica all'Università di Macerata. Per il Professore il pericolo del ritorno di un regime autoritario nel nostro Paese è reale e l'appartenenza all'Unione europea non basta a tutelare la democrazia. I segnali preoccupanti non mancano e andrebbero ricercati nelle azioni del governo Meloni, quali ad esempio:

- **le scelte inique nel regime fiscale;**
- **tolleranza dell'evasione e riduzione dei diritti di chi lavora;**
- **rifiuto di istituire il salario minimo e taglio al reddito di cittadinanza;**
- **nessuna lotta alla disoccupazione e alla precarizzazione;**
- **aiuto ai poteri finanziari;**
- **gestione disastrosa del Piano nazionale di ripresa e resilienza;**
- **autonomia differenziata disgregativa della comunità delle Regioni;**
- **smantellamento della sanità pubblica e tagli all'istruzione;**
- **totale occupazione della televisione pubblica e di molti giornali;**
- **attacco alla magistratura e a ogni ente di controllo dell'operato del governo;**
- **persecuzione contro i migranti e collaborazione con i regimi del Nordafrica;**
- **apologia della razza italiana e lotta alla "sostituzione etnica";**
- **restrizione del diritto di manifestare e dei diritti civili;**
- **politica propizia all'aggravarsi della guerra in Ucraina;**
- **delegittimazione dell'antifascismo e sovvertimento della memoria storica.**

Se si legge il libro di William Sheridan Allen, "Come si diventa nazisti" (Einaudi, 2014), fatte le debite differenze di contesto, molte analogie sono impressionanti. Luciano Gallino scrive nella prefazione: "Nel momento in cui una comunità politica sta procedendo a piccoli passi, tortuosamente, verso l'abisso, nessuno è in grado di prevedere quale forma concreta prenderà il disastro. La migliore precauzione consiste nell'essere il più possibile consapevoli della doppia direzione in cui qualunque passo può portarci". Verso una democrazia migliore o verso una variante del fascismo. In poche parole stiamo assistendo inermi a un "Fascismo a lento rilascio". Che non è altro che un processo sistematico che sta investendo l'Italia. L'economista Joseph Stiglitz ha dichiarato che il pericolo di un regime autoritario è reale; "Il timore è che ci si possa arrivare un passo dopo l'altro, una strategia opposta a quella dell'insurrezione dei seguaci di Trump – ha scritto in un articolo pubblicato su la Repubblica il 28 maggio 2023 -. La democrazia si può perdere all'improvviso oppure poco a poco e la domanda è se sia proprio quello che sta succedendo in Italia". Stiglitz ricorda che l'appartenenza all'Unione europea non basta a tutelare il carattere democratico dei governi nei vari Paesi: Ungheria e Polonia lo dimostrano. Chi guarda all'Italia da fuori vede meglio; noi rischiamo la lenta assuefazione nell'illusione che l'ordinamento democratico sia irreversibile. E i fattori che ci spingono verso tale deriva vanno ricercati nella crisi economica e occupazionale che si protrae da decenni;

in un sistema politico autoreferenziale che induce la sfiducia di massa nella democrazia;

nella stabile egemonia di oligarchie finanziarie e politiche che sottomettono la democrazia italiana usando gli strumenti di volta in volta ritenuti più produttivi (comprese le stragi e gli omicidi, realizzati da noi con una gravità senza pari negli altri Paesi occidentali);

nella povertà culturale, informativa e di formazione civile che segna cronicamente il nostro Paese;

nella manomissione protratta e micidiale della capacità educativa della Scuola e dell'Università;

nelle forti radici di ideologie quali il razzismo, il sessismo, il culto del capo;

nelle falde ideologiche sempre attive del neofascismo e la larga, entusiastica adesione a partiti come Fratelli d'Italia e la Lega;

nella percezione della mancanza di un'alternativa di governo;
nella diffusa abitudine di dare la colpa di ogni male collettivo alla "sinistra";
nel diffondersi del populismo;
nella saccente miopia che porta molti a credere che il fascismo sia morto nel 1945 e che oggi non ci sia alcun rischio;
nella dipendenza internazionale da organismi come la Ue e la Nato e dalla politica degli Stati Uniti, tutti soggetti che non danno alcuna garanzia di orientamento democratico e non attivano anticorpi nel caso di derive autoritarie in singole nazioni;
nella tendenza complessiva che in Europa sta rafforzando forze antidemocratiche e che potrà in futuro a mutare lo scenario anche in Paesi come la Francia, la Germania e la Spagna;
nella progressiva perdita di vigenza effettiva della nostra Costituzione; nel crescente senso di insicurezza.

PREFAZIONE

Innanzi tutto si deve precisare che essere di destra nel 2024 non significa essere fascisti, ma proprio per nulla. Alla stessa maniera si deve considerare che non tutti gli appartenenti al mondo della sinistra siano necessariamente comunisti. Bisogna sfatare questi luoghi comuni. Hitler, Mussolini e Stalin fanno oramai parte di un passato storico morto e seppellito che non potrà più riapparire. Se ne può parlare, se ne può discutere nei tolk show, ma in ogni angolo della terra fatta eccezione per qualche sparuta minoranza di nostalgici, prevale un sentimento di assoluta avversione. Il Nazismo, il Fascismo, il Comunismo sono state ideologie totalitarie nate nel novecento che hanno portato sventure e immani catastrofi a livello globale. Queste Ideologie nate e sviluppatesi nel novecento oggi sono decisamente in forte contrasto soprattutto nel mondo democratico e occidentalizzato. Benché fondati su principi diversissimi, costituivano dei sistemi politici che avevano indiscutibili tratti comuni: infatti erano regimi politici in cui dominava un unico partito, in cui non era ammessa la libertà di pensiero, teoricamente nemmeno negli spazi privati; in essi il ricorso all'intimidazione violenta era uno strumento normale di governo, anzi si trattava di regimi in cui si ricorreva al potere per esercitarlo con la forza. Tuttavia, laddove il fascismo e il nazismo ambivano a costruire società gerarchiche o organiche, guidate da élite, sociali e razziali, il comunismo sovietico ambiva invece a costruire una società egualitaria, dove le differenze economiche e sociali tra i diversi cittadini potevano essere essenzialmente cancellate. In questo libro viene data parola a gente comune su quello che è il loro pensiero su quanto accaduto nel ventennio fascista, durante la Seconda Guerra Mondiale, nel periodo posto bellico, fino ad arrivare ai giorni nostri. E' la loro libera interpretazione fornita sugli eventi che a mano a mano si sono venuti a materializzare nel corso della storia. E giusta o sbagliata che sia, rappresenta la libera espressione di pensiero di chi ha voluto fornire a modo suo, che sia di destra, o che sia di sinistra, fascista o antifascista, una propria considerazione personale, ricollegandosi a volte a testi di storia extrapolati da analisti e professionisti storiografici.
La domanda che oggi ognuno di noi dovrebbe porsi è questa: - "Ma è davvero sensato parlare oggi di fascisti e antifascisti, oppure stiamo vivendo un abbaglio collettivo solo perché al governo c'è una

coalizione di centro destra soprattutto composta da Fratelli d'Italia e leghisti?" Ma davvero ci sono dei segnali che inducono ad ipotizzare un rischio concreto di un ritorno al passato "fascista" o a "un fascismo a lento rilascio"?

PRIMO CAPITOLO
Povera Patria

“” Povera Patria, schiacciata dagli abusi del potere, di gente infame che non sa cos’è il pudore. Si credono potenti e gli va bene, quello che fanno e tutto gli appartiene. Tra i governanti, quanti perfetti e inutili buffoni, questo paese è devastato dal dolore, ma non vi danno un po’ di dispiacere, quei corpi in terra senza più calore. Non cambierà, non cambierà, non cambierà, forse cambierà, ma come scusare le iene negli stadi e quelle dei giornali, nel fango affonda lo stivale dei maiali, me ne vergogno e un poco e mi fa male, vedere un uomo come un animale. Non cambierà, non cambierà, si che cambierà, vedrai che cambierà. Si può sperare che il mondo torni a quote più normali che possa contemplare il cielo e i fiori che non si parli più di dittature se avremo ancora un pò da vivere la primavera intanto tarda ad arrivare. **(Franco Battiato)””.**

SECONDO CAPITOLO
IL FASCISMO

Il fascismo nasce come movimento nel 1919 e diviene partito politico nel 1921. A seguito della cosiddetta marcia su Roma del 1922, Benito Mussolini, leader del partito fascista, viene incaricato dal re Vittorio Emanuele III di formare il nuovo governo e di prendere in mano la gestione del Paese. Inizia così il cosiddetto "ventennio fascista" e la progressiva fascistizzazione dello Stato Italiano, che porta alla cancellazione di diverse libertà e all'incremento delle violenze nei confronti di tutti coloro i quali, individui o associazioni, non si sottomettono al regime totalitario. Nel 1924, i fascisti uccidono il deputato socialista Giacomo Matteotti e Mussolini se ne assume la responsabilità morale. Il fascismo diventa il primo totalitarismo del '900, seppure imperfetto in quanto i Patti Lateranensi del 1929 e il mantenimento della forma monarchica costituiscono due poteri alternativi e in qualche modo resistenti al monopolio fascista. Nel 1938 vengono approvate le leggi razziali che istaurano un regime apartheid nei confronti degli ebrei che durerà fino al 1944. Nel 1940 l'Italia entra in guerra al fianco di Germania e Giappone, fino alla destituzione e all'arresto di Mussolini il 25 luglio 1943: cade così il governo fascista. Il "ventennio fascista" rappresenta senz'altro il punto più basso della storia politica e sociale d'Italia dall'Unità ad oggi. Eppure, anche a causa di ciò, l'Italia ha saputo reagire e uscire in maniera dignitosa dal secondo conflitto mondiale e dare vita alla nostra Repubblica che, imperniata attorno alla Costituzione, ancora oggi tutela e valorizza 60 milioni circa di persone residenti sul territorio italiano, attraverso l'assunzione di valori democratici quali la tolleranza, il pluralismo e la convivenza pacifica tra le nazioni. Non a caso, la XII disposizione finale della Costituzione della Repubblica italiana recita: "E' vietata la riorganizzazione, sotto qualsiasi forma, del disciolto partito fascista". Il fascismo, con la sua ascesa e caduta nel corso del XX secolo, rimane uno dei capitoli del XX secolo più oscuri e discussi della storia italiana e non solo. (Fonte: Andrea Bosio, insegnante di filosofia e storia).

TERZO CAPITOLO
GIOVINEZZA "L'INNO FASCISTA"

Giovinezza giovinezza, primavera di bellezza! Chi non ha mai sentito almeno una volta queste parole? Ma da dove ha origine l'inno ufficiale del fascismo? Vediamo la storia della canzone che è diventata l'anima del regime fascista.

. Le origini della canzone

La primissima versione della canzone nasce come testo universitario nel 1909, il testo di Nino Oxsilla, su musica di Giuseppe Blanc, si diffuse originariamente a Torino e nel resto del nord Italia con il nome de "il commiato" e narrava della fine della vita universitaria e l'inizio della vita adulta. Da come si può leggere nel testo gli argomenti trattati sono allegri e scanzonati "Son finiti i tempi lieti degli studi e degli amori, o compagni in alto i cuori, il passato salutiam". Da notare che nell'ultima strofa già si evince e si sottolinea un sentimento irredentista dei cittadini italiani, ben radicato già allora nello stivale poiché ha origine direttamente dal risorgimento "Giovinezza, giovinezza primavera di bellezza, della vita nell'asprezza il tuo canto squilla e va'".

. Inno degli alpini

E' nel 1911 che la canzone viene per la prima volta adottata dal mondo militare. Infatti solo 2 anni dopo la sua creazione l'inno viene tranquillamente preso e suonato dagli alpini come inno trionfale dei giovani soldati. La canzone viene presa pari pari l'originale quindi non si ha alcuna modifica di testo.

. Inno dei sindacalisti nazionali corridoniani

La canzone fu adottata dai sindacalisti italiani che seguivano Filippo Corridoni a Milano nelle file del PSI durante gli inni antecedenti alla guerra. Il testo vede la sua origine nel 1915 (data da confermare) come si può intuire dalla prima strofa del testo di stampo interventista, ma non prima della morte dello stesso Corridoni avvenuta nello stesso anno sul fronte, più precisamente a San Martino del Carso "Sventoliamo al sol di maggio il vessillo

redentore: su compagni, su coraggio della lotta suonan l'ore". Forse è la versione più sconosciuta del brano, il testo come omaggio a Corridoni racchiude in sé lo spirito rivoluzionario che fu la vera matrice del fascismo delle origini. E' un brano che racchiude in sé le ideologie del sansepolcrismo, dell'arditismo, del sindacalismo e del republicanesimo, alcuni dei pilastri del fascismo.
Ma perché questa versione è così importante? Questo testo serve a sdoganare la parola duce dato che in questo testo ci si riferisce al condottiero come a Corridoni, anticipando di almeno un decennio Mussolini, ma soprattutto viene citata la Repubblica Sociale ben 28 anni prima della sua effettiva creazione, dimostrando che i piani originali del fascismo e delle sue correnti sono sempre state più vicine a quella che oggi chiameremmo sinistra, e così facendo rinnegando a livello politico una buona parte dell'esperienza del regime degli anni 30.

. Giovinezza, inno degli Arditi

E' nel 1917 però che la canzone viene conosciuta ufficialmente da tutti gli italiani. Siamo in piena guerra, nel suo anno decisivo in effetti soprattutto per l'Italia e dal basso, dalle trincee nascono le parodie del commiato in chiave militare. Numerose versioni si originarono tra i reparti d'assalto ma venne ufficializzata nel 1917 una sola versione chiamata "inno degli Arditi" composta da Marcello Manni, Ardito e musicista, nello stesso anno moriva anche Nino Oxilla sotto il fuoco nemico. La versione degli Arditi narra semplicemente dell'esperienza della guerra e racchiude in sé tutto lo spirito dell'arditismo. "Dal pugnale al fiero lampo della bomba al gran fragore su compagni, tutti al campo là si vince oppur si muore, sono giovane e son forte non mi trema in petto il core sorridendo vò alla morte pria d'andare al disonor!" La versione degli Arditi riassume in poche strofe tutta l'esperienza della grande guerra per l'Italia e ne riprende il cameratismo originatosi nelle trincee.

. Giovinezza, inno dei fasci italiani e del partito fascista

La maggior parte dei reduci terminata la guerra trovarono sostegno e conforto nel neonato movimento dei fasci italiani da combattimento nati a Sansepolcro il 23/03/1919. Non ci volle molto che la canzone che tutti cantarono in guerra venne riadattata e cantata in tempo di pace, cambiando il testo in chiave fascista. Venne resa l'inno ufficiale del fascismo nel 1922 dopo che quest'ultimo era già diventato partito.

. Giovinezza, versione degli Arditi del popolo

Come sappiamo però non tutti i reduci confluirono sotto il fascismo, una minor parte infatti diede origine agli Arditi del popolo; associazione schierata contro il fascismo, fu una delle fazioni più violente durante il biennio rosso e, in qualità di reduci, presero anch'essi la medesima melodia dei loro ex camerati e fecero la loro canzone di stampo politico ed antifascista.

. Giovinezza, inno delle donne fasciste

Datata 1923, quindi molto prima che il fascismo divenne il regime che tutti conosciamo, venne fatta anche una versione femminile di giovinezza; la canzone è l'essenza della voce femminile dell'epoca, un tributo a tutte quelle donne che aderirono al fascismo e ne furono anche protagoniste come squadriste cadute, fondatrici dei vari fasci sorti in vari paesi ecc…

. Giovinezza, inno del fascismo

Fu nel 1925 che Giovinezza fu elevato a inno nazionale nonché marcia trionfale. Erroneamente ritenuta la versione finale del regime, il testo del 1925 narra di un ancora giovane fascismo appena consolidato. L'inno verrà suonato in ogni manifestazione a seguito dell'inno d'Italia o della marcia reale. Il testo, di Salvator Gotta, è sicuramente la versione più nota e più famosa: "Salve o popolo d'eroi Salve o Patria immortale Son rinati i figli tuoi Con la fede e l'ideale Il valor dei guerrieri La vision dei pionieri La vision dell'Alighieri Oggi brilla in tutti i cuor Giovinezza, giovinezza Primavera di bellea Nella vita e nell'asprezza Il tuo canto squilla e va Dell'Italia nei confini Son rifatti gli italiani Li ha rifatti Mussolini Per la guerra di domani Per la gioia del lavoro Per la pace e per l'alloro Per la gogna di coloro Che la Patria rinnegar Giovinezza, giovinezza Primavera di bellezza Nella vita e nell'asprezza
Il tuo canto squilla e va I poeti e gli artigiani I signori contadini Con orgoglio di italiani Giuran fede a Mussolini Non v'è povero quartiere

Che non mandi le sue schiere Che non spieghi le bandiere Del fascismo redentor Giovinezza, giovinezza Primavera di bellezza Nella vita e nell'asprezza Il tuo canto squilla e va Giovinezza, giovinezza Primavera di bellezza Nella vita e nell'asprezza Il tuo canto squilla e va". Questa versione racchiude appieno i piani del regime nei confronti dello stivale: gli italiani, popolo di poeti e di guerrieri, di artisti e di lavoratori si riunivano sotto l'insegna del littorio per marciare verso un nuovo futuro. Importante ricordare che man mano che Mussolini iniziò a trasformarsi nel Duce alla canzone fu aggiunta una breve strofa nel ritornello che recitava così: "E per Benito Mussolini Eja Eja A la la".

. Giovinezza, inno trionfale del fascismo

E' nel 1928 che il partito incarica Federico Valerio Ratti che scrive il testo della versione finale del fascismo, vediamo il testo: " Giovinezza, giovinezza, primavera di bellezza, non si piega e non si spezza perché eterna Iddio la fa... Siam le foghe d'una quercia nate a nuova primavera; noi cadremo innanzi sera, ma la quercia resterà. Sulla faccia della Terra, son malevoli gli eventi, cambian forma i continenti, passan genti e civiltà; nella pace e nella guerra non mai stanca e non mai doma solo Roma, solo Roma, solo Roma eterna sta! Eia! Eia! Alala! E di Roma siamo i figli, siam gli antichi legionari; per cammini millenari ritornammo alla Città. Per le vie che già selciammo con il sangue e con la pietra non si indugia, non si arretra; ed il mondo ben lo sa. Sulla faccia della Terra, son malevoli gli eventi, cambian forma e continenti, passan genti e civiltà; nella pace e nella guerra non mai stanca e non mai doma solo Roma, solo Roma, solo Roma eterna sta! Eia! Eia! Alala! Di ritorno dai confini della Patria liberata, ci avean teso l'imboscata ed offerto la viltà; ma con un'anima e le mani che avean visto ogni battaglia abbattemmo una canaglia d'ogni razza e d'ogni età. Sulla faccia della Terra son malevoli gli eventi, cambian forma i continenti, passan genti e civiltà; nella pace e nella guerra non mai stanca e non mai doma solo Roma, solo Roma, solo Roma eterna sta! Eia! Eia! Alala!
Obbediamo ad un sol Duce come a Cesare le Coorti; tutti vivi e tutti morti a un suo cenno vengon qua. E col fascio e con la Scure al <Paese ove il Sì suona> rifoggiamo la Corona che nessuno abbatterà.

Sulla faccia della Terra, son malevoli gli eventi, cambian forma i continenti, passan genti e civiltà; nella pace e nella guerra non mai stanca e non mai doma solo Roma, solo Roma, solo Roma eterna sta! Eia! Eia! Alala! Giovinezza, giovinezza, primavera di bellezza, che non piega e non si spezza perché eterna Iddio la fa. Giovinezza, giovinezza, a Te, Madre Sacra Roma inghirlanda ancor la chioma con il fior d'Eternità! Sulla faccia della Terra, son malevoli gli eventi, cambian forma i continenti, passan genti e civiltà; nella pace e nella guerra non mai stanca e non mai doma solo Roma, solo Roma, solo Roma eterna sta! Eia! Eia! Alala!". Notare che man mano che il regime si consolidava sempre più, anche i testi assumevano un significato molto più pittoresco e propagandistico anziché di lotta politica, basta confortare questa versione con la prima del fascismo.

. Giovinezza, inno R.S.I.

Durante la Repubblica Sociale Italiana, giovinezza tornò ad essere uno dei brani principali. In particolare venne abbandonata la vecchia versione e per il nuovo brano ci si basò interamente sull'ormai vecchio inno degli Arditi della grande guerra, da cui vennero riprese anche delle strofe e modificate, il testo è uscito nel 1943, appena la Repubblica nacque.
Appare quindi chiaro, vista la storia della canzone, che se qualcuno canta giovinezza non è necessariamente un nostalgico del fascismo, magari vuole rievocare un canto di guerra, magari è un universitario prossimo alla laurea, magari è un nostalgico di una antica sinistra che aveva a cuore veramente i lavoratori italiani.

QUARTO CAPITOLO
Il Pensiero di un appartenente all'estrema destra

Io provengo da una famiglia veramente e profondamente comunista e mi ritrovo militante fra le fila dell'estrema destra. La mia conversione è maturata durante il passaggio dall'adolescenza all'età adulta essendo stato legato ad una ragazza che apparteneva ad un gruppo politico dei centri sociali di Roma e durante il mio legame con lei mi rendevo conto di non essermi fidanzato con lei, ma anche con il loro guru – santone sempre immerso nei fumi e nelle sostanze improbabili che ne dirigeva le coscienze. Mi trovavo male con lei e i suoi amici sempre all'inseguimento delle utopie, del nullafacentismo, dell'importante che non manchi il fumo, il cibo bene o male si rimedia, della scarsissima condizione igienica dai pidocchi tenuti lontano dalle capigliature con olio di cocco (:::). Tutta gente il cui unico pensiero (quelli di sinistra) è di non impegnarsi a fare un cazzo della propria vita, giustificare il proprio fancazzismo con la ricerca dell'io interiore, tanto ci sono mamma e papà che aprono i cordoni della borsa, poi in tarda età arrivano i posti buoni alle poste o in qualche ateneo con la tessera di partito, oppure nella pubblica amministrazione. E spesso e volentieri vanno pure in pensione con pensioni da nababbi, mentre chi ha lavorato una vita spaccandosi il culo deve aspettare di compiere 67 anni anche se ha già in attivo 40 anni di versamenti. Ora dunque io sarei fascista? Bene. Allora lo sarò con orgoglio. Io sono fascista e me ne vanto.

QUINTO CAPITOLO
RENZO DE FELICE: LO STORICO DEL FASCISMO

Renzo De Felice nacque a Rieti l'08 aprile 1929 e morì a Roma il 25 maggio 1996. Per De Felice, un liberale per antonomasia e storico del fascismo, la figura di Mussolini, nel bene o nel male ha avuto un ruolo importante nella storia del nostro Paese. Renzo De Felice, fu spesso oggetto di critiche e polemiche per aver più volte preferito, al di sopra di ogni teoria, la realtà dei documenti. Inoltre, nel 1975, la dose anticonformista si fece più forte con "L'intervista sul Fascismo", con la quale si introduceva la distinzione tra il Fascismo come regime, e il Fascismo come movimento: il primo con caratteristiche conservatrici, e il secondo con forti impulsi di modernizzazione. Infatti De Felice scriveva che in fondo, nel regime di Mussolini si trovava anche una componente rivoluzionaria e che l'aspetto più innovatore andava di pari passo con quello burocratico e di regime e che in sintesi il fascismo si differenziava dal totalitarismo nazista per la sua capacità di guardare al futuro e per la sottomissione del partito allo stato.
Inoltre le differenze sono così forti perché non solo il fascismo italiano è stato un'esaltazione della nazione, mentre il nazismo si è costruito sull'idea razzista, ma anche perché il regime di Mussolini è lontano dall'aver costituito un disastro di tipo apocalittico nella storia italiana, paragonabile a quanto si è prodotto in Germania con il nazismo. Anzi, si è andati un po' oltre nel separare i due regimi, e a escludere il regime italiano dal concetto stesso di "totalitarismo".
E' un po' paradossale, giacché il termine "totalitario" è un'invenzione di Mussolini o dei fascisti italiani. Eppure, nel regime di Mussolini non troviamo quel controllo assoluto della società da parte dello Stato, quella rivoluzione operata nel tessuto sociale che invece appare sin dai primi anni del nazismo. Molte delle opere di De Felice erano destinate a fare scalpore, come per esempio "Mussolini il Rivoluzionario".
In effetti, fino ad allora si era soliti ritenere Mussolini come un reazionario, come il nemico dei popoli. Il fatto, del tutto nuovo, che potesse esserci una nuova concezione che lo indicasse come rivoluzionario era dunque inconcepibile. Naturalmente guardando le opere del De Felice noteremo in maniera oggettiva che non vi era stata nessuna apologia del Duce, che in effetti non era mai stata fatta nessuna esaltazione del fascismo.

L'autore si era limitato a considerare gli archivi per porre l'attenzione più su quanto era stato dato per scontato. E' proprio il primo tomo della biografia di Mussolini, "Mussolini il rivoluzionario (1883-1920", pubblicato da De Felice nel 1965, fece scalpore per l'interpretazione del fascismo come movimento rivoluzionario, iscritto in una tradizione democratica di sinistra.
E' sicuramente incontestabile che nel caso italiano il fascismo nasce a sinistra, non solo perché Mussolini proviene dalla sinistra massimalista del Partito socialista, ma anche perché il movimento che egli inventa si inscrive nella continuità del Risorgimento e degli ideali risorgimentali. Anzi, forse è il caso di andare oltre, mostrando come l'invenzione che fu propria di Mussolini consistette nel recuperare l'idea rivoluzionaria a favore della destra che nel XIX secolo, in Europa, era rimasta in larga misura prigioniera delle difficoltà senza via d'uscita rappresentate dall'idea controrivoluzionaria. In sostanza, era sottomessa a ciò che detestava.
A partire dal fascismo, anche la destra europea avrà un suo progetto esclusivo per superare l'universo borghese, per creare una comunità e un uomo nuovi, liberi dall'alienazione. Sembra che nulla del XX secolo è comprensibile, se non si capisce che la passione rivoluzionaria, da Mussolini in poi, esercita il proprio anche su quelli che si pongono a destra dello schieramento politico. Una delle prime critiche fatte a De Felice venne dall'autore della prefazione al primo libro sulla Storia degli ebrei (1961) Delio Cantimori, definito il "patriarca della storiografia marxista in Italia".
Si giunge in questo caso ad un'importante conclusione che il problema De Felice si risolve tutto nel problema dell'interpretazione. In effetti non si vogliono sindacare le sue idee sul fascismo o sulla storia del Novecento in Europa, ma l'interpretazione della sua teoria al fine di comprendere le sue intenzioni, cioè quella di acquisire un'immagine del fascismo più rispondente alla effettiva realtà storica.
De Felice, in sostanza, lavorava per evitare che la storia del fascismo fosse "sporcata dalle ricostruzioni largamente mitologiche ancora molto diffuse soprattutto per quanto riguarda la storiografia di estrema sinistra. Ma ciò venne interpretato da alcuni studiosi alla stessa stregua di una rivalutazione politica del regime di Mussolini.
Ma c'è da dire anche che tutte le polemiche che sono state mosse a carico di De Felice non hanno sortito l'effetto sperato, ossia quello di far tacere la voglia di questo autore di far conoscere la storia e non le

interpretazioni di essa. In effetti c'è chi ha sostenuto con vigore il lavoro di De Felice e uno di questi è sicuramente Francois Furet (intervista apparsa su Panorama n.133) che intende nelle opere di De Felice una duplice originalità che consiste nell'aver puntato l'attenzione su un periodo storico quale il fascismo e porlo al centro di un'ampia indagine storiografica.
Da questo primo aspetto se ne può ricavare un secondo, che consiste nell'affrontare l'argomento a partire dalle fonti e non già da ciò che era diventato il parere dell'opinione pubblica nel dopoguerra. Il fascismo, dopo essere stato sconfitto, era stato oggetto di una condanna morale talmente forte che era estremamente difficile, se non impossibile, considerarlo da un punto di vista storico, oggettivo.
Non che questa opinione così negativa non fosse giustificata. Ma non al punto da arrivare alla censura di chi volesse guardare la questione con gli occhi dello storico. Renzo De Felice è stato uno dei pochi studiosi che hanno avuto da subito il coraggio, anzi, l'audacia intellettuale di imporre le regole del mestiere di storico su un tema circondato da una forte passione collettiva.
Marxista di formazione e militante comunista negli anni di gioventù, sino all'invasione sovietica dell'Ungheria nel 1956, De Felice ha iniziato la sua carriera come studioso del giacobinismo, prima d'intraprendere la biografia di Mussolini. Questa esperienza della militanza ha contribuito a far uscire la storiografia contemporanea dai confini dell'insegnamento universitario. Forse, anzi quasi sicuramente, era proprio perché De Felice diffidava delle teorie astratte, in cui sospettava una filosofia della storia, aperta o nascosta, che ha fatto in modo che fosse additato per le sue idee.
Dopo il periodo marxista (che del resto non è una cattiva introduzione alla storiografia), era ritornato a un'epistemologia positivistica, fondata sulla scienza della costituzione dei fatti, la sola capace di rivelare la verità. In tal modo, aveva acquisito sul proprio modo di intendere lo studio, il controllo di un ammontare di conoscenze straordinario, a cui nessun altro storico è mai andato vicino. Ha dedicato poi un'attenzione assai scrupolosa al trattamento di questi dati, nell'intento di ricostruire la successione cronologica degli eventi, anziché proporne un'interpretazione causale.
In fin dei conti, però, è la sua opera a far capire meglio che cosa è stato, nella realtà storica, il fascismo mussoliniano.

L'ironia del successo di De Felice è che la sua oggettività di metodo è stata il fondamento di una delle più grandi opere storiografiche sul XX secolo, ed è per questo motivo che il contenuto di questo quinto capitolo tratta e si riferisce a "Mussolini socialista nell'interpretazione di Renzo De Felice".

SESTO CAPITOLO
IL PENSIERO DI UN UOMO QUALUNQUE

In 20 anni qualcosa di buono avrà pur fatto. Una strada o un ponte l'avrà costruito. Anche il mostro di Firenze un buongiorno l'avrà detto a qualcuno qualche volta no?
A parte gli scherzi, Mussolini ha avuto il governo più duraturo che l'Italia ricordi. Era una dittatura però il suo operato, forse, non è tutto da buttare.

Il ventennio fascista si divide in due fasi:

- **Una prima fase che va dal 1922 al 1925 in cui Mussolini è a capo di un governo di coalizione.**
- **Una seconda fase che va dal 1925 al 1943 in cui Mussolini ha pieni poteri.**

Mussolini fu costretto a formare un governo di coalizione con cattolici e liberali che accettarono in un primo momento di sostenere il suo operato. Erano convinti che Mussolini fosse un male necessario. Com'è noto, si sbagliavano di grosso.
Questa fase si concluse con le elezioni del 1924 che videro una vittoria dei fascisti. Le elezioni furono contestate da Giacomo Matteotti, un deputato socialista che fu ridotto al silenzio. Il delitto Matteotti suscitò lo scandalo dell'opposizione che decise di abbandonare il Parlamento. La crisi si ricompose quando Mussolini si assunse la responsabilità dei fatti.
Nel 1925 Mussolini varò le Leggi Fascistissime con cui assumeva pieni poteri scavalcando il Parlamento. Iniziava la dittatura vera e propria. In pochi anni tutti i partiti e i sindacati ostili al regime furono sciolti e il PNF divenne l'unico partito del Paese.
Dopo una prima fase turbolenta, il regime divenne più moderato e mussolini cercò di ottenere l'appoggio della Chiesa, di cui aveva bisogno per ottenere il consenso degli italiani. I rapporti con la Chiesa nei primi anni '20 erano pessimi. Il Papa si sentiva ancora prigioniero di Casa Savoia e si rifiutava di riconoscere la legittimità dello Stato Italiano.

Mussolini seppe abilmente ricomporre questa frattura con i Patti Lateranensi, firmati nel 1929. Lo Stato riconosceva il cattolicesimo religione di Stato e garantiva l'indipendenza del Vaticano mentre il Papa riconosceva il Regno d'Italia.

I Patti Lateranensi furono un successo straordinario e il merito va tutto a Mussolini. In seguito, per affrontare la crisi degli anni '30, il regime diede vita all'IRI, l'Istituto di Ricostruzione Industriale, che aveva il compito di salvare le aziende in crisi dalla bancarotta.

L'IRI fu mantenuto anche nel dopoguerra e salvò moltissime aziende tra cui la FIAT e la neonata EIAR, il primo nucleo della radio nazionale. Infatti il fascismo sfruttò i moderni mezzi di comunicazione di massa per promuovere la propria propaganda.

Mussolini fu anche artefice di diverse riforme economiche e sociali che assicuravano agli italiani dei servizi fondamentali, generando un vasto consenso verso il regime che, tra repressione e riforme, raggiunse la popolarità. Erano gli anni del consenso.

Negli anni '30 la politica estera del Duce portò alla conquista dell'Etiopia con la nascita dell'Impero coloniale nel 1936. Mussolini fu il primo a opporsi alla Germania nazista, tentando invano di convincere inglesi e francesi a formare un fronte comune contro Hitler.

Il fronte di Stresa ebbe vita breve perché l'Inghilterra firmò un accordo navale segreto con la Germania, vanificando i suoi sforzi. Nonostante la simpatia per Churchill, Mussolini iniziò ad avvicinarsi alla Germania che l'aveva appoggiato e rifornito durante la crisi etiope.

A lungo vicino agli ebrei, il Duce fu costretto nel 1938 a varare le leggi razziali per compiacere la Germania che attuava una politica antisemita. Fu il primo passo verso la caduta del regime che iniziò a perdere consensi con l'entrata in guerra.

Nello stesso anno Mussolini fu chiamato a fare da mediatore tra Hitler e Chamberlain, riuscendo a salvare la pace in cambio dei Sudeti. La conferenza di Monaco si rivelò un disastro ma il Duce riuscì a posticipare la guerra.

Contrario al conflitto, nel 1939 si proclamò neutrale nonostante il Patto d'Acciaio con Hitler. L'anno successivo entrava in guerra, illuso che la Germania avrebbe vinto e l'Italia dovesse a tutti i costi parteciparvi. Sarà l'inizio della sua fine.

Nel 1943, dopo tre anni di disfatte, Mussolini fu arrestato dal Re. La sua morte non ha risolto tanti nodi oscuri ma anzi ha contribuito più a un clima di vendetta che di giustizia.
Il fascismo si macchiò di colpe gravissime tra cui l'uso di gas asfissianti, la repressione dei dissidenti, le leggi razziali, l'alleanza con la Germania. Però in quei 20 anni fece anche diverse riforme che furono giudicate positivamente anche dai padri costituenti.
A mio avviso, Mussolini amava l'Italia ma non ebbe la lungimiranza di capire che stava prendendo una strada pericolosa. Nel bene e nel male, è stato un grande statista pur essendo un dittatore spietato e autoritario.
Tra la fine della guerra e i primi mesi del dopoguerra avvennero in Italia ovunque stragi e rappresaglie di italiani innocenti, colpevoli di non essere comunisti. Gli autori erano brigate di partigiani rossi che si erano rifiutati di deporre le armi, ignorando gli ordini del governo. Questi tristi episodi, come al solito tramandati dalla retorica comunista come vendette contro i fascisti, avvennero quando la guerra stava ormai finendo e non c'era più la necessità di liberare il Paese ma ai comunisti non interessava.
IL PCI, che aveva mantenuto stretti contatti con Mosca, aveva partecipato alla Resistenza ma molte bande partigiane erano fuori controllo e iniziarono una serie di rappresaglie ai danni di altri italiani anticomunisti. Spesso non erano fascisti ma semplici cittadini, imprenditori, preti, a volte persino partigiani di altri colori come la Brigata Osoppo, barbaramente decimata dai partigiani comunisti nel tragico eccidio di Porzus. Tale evento fu considerato uno dei più tragici e controversi della Resistenza italiana. E' tuttora fonte di numerose polemiche in ordine ai mandanti dell'eccidio e alle sue motivazioni. Le vicende legate a Porzùs hanno travalicato il loro contesto locale fin dagli anni in cui si svolsero, entrando a far parte di una più ampia discussione storiografica, giornalistica e politica sulla natura e gli obiettivi immediati e prospettici del PCI in quegli anni, nonché sui rapporti con i comunisti Jugoslavi e con l'Unione Sovietica. L'eccidio di Porzùs consistette nell'uccisione, fra il 7 e il 18 febbraio 1945, di diciassette partigiani (tra cui una donna, loro ex prigioniera) delle Brigate Osoppo, formazioni di orientamento cattolico e laico – socialista, da parte di un gruppo di partigiani – in prevalenza gappisti – appartenenti al Partito Comunista Italiano. A compierlo, un reparto di circa 100 garibaldini guidati da Mario Toffanin (nome di battaglia "Giacca").

L'eccidio aveva avuto come movente politico l'odio politico divampato dall'anticomunismo di Francesco De Gregori, detto Bolla, comandante della Brigata Osoppo che, sorpassando quello di ogni altro, esplose contro l'animosa intolleranza di fanatici avversari. L'avversione di Bolla dovette sembrare (ai Garibaldini) sorpassare quell'indefinito e generico anticomunismo che aveva contraddistinto l'Osoppo, e che finisce per sviluppare il più esteso e robusto livore nella coscienza di costoro, animati da cieco fanatismo politico, che tutto riduce all'unico denominatore di una integrale volontà rivoluzionaria intollerante di qualsiasi contrasto da parte di altri e pronto ad abbattere senza tentennamenti chiunque si ponga lungo il loro cammino. Mario Toffanin, per l'eccidio di Porzùs, fu condannato all'ergastolo nel 1952, si rifugiò in Jugoslavia venendo infine graziato nel 1978 dal Presidente della Repubblica Italiana Sandro Pertini. L'atto di grazia fu contestato da diversi commentatori. Nel 1991 si trasferì a Sesana, centro sloveno a poca distanza dal confine italiano, dove morì a 86 anni, il 22 gennaio 1999.
I crimini continuarono fino al 1949 in una regione da sempre considerata rossa, l'Emilia Romagna. In Emilia avvenne il cosiddetto triangolo della morte dove i partigiani comunisti ammazzarono centinaia di civili innocenti, tanto che Togliatti fu costretto a diramare degli ordini, intimando la consegna di tutte le armi al governo. Gli ordini furono ignorati e Togliatti, allora ministro di grazia e giustizia del governo De Gasperi, ebbe la brillante idea di fare l'amnistia che graziava tutti coloro che avevano commesso crimini di guerra.
L'amnistia Togliatti, che gli valse il soprannome di ministro di grazia ma non di giustizia, portò alla riabilitazione non solo dei fascisti ma anche di tutti quei comunisti colpevoli di rappresaglie che rimasero impuniti. A farne le spese la giustizia italiana che vide gente come Graziani, Badoglio e Almirante sopravvivere e ricandidarsi in politica.
Ovviamente oggi c'è gente che nega questi crimini, affermando che siano tutti propaganda revisionista. Sono gli stessi che negano le Foibe. Curiose coincidenze? Io non credo. La Resistenza ebbe luci e ombre. Diverse luci ma anche parecchie ombre che scopriamo oggi.
L'Italia non ha mai fatto i conti con il proprio passato, né a destra né a sinistra.

Romano: avevo 4 anni quando è finita la guerra e mi ricordo i camion pieni di forsennati volta bandiera. Si erano dimenticati di essere stati fascisti.
Mario: anch'io, più altre storie sull'arroganza rossa.
Dario: correttissima l'ultima frase. L'Italia non ha mai fatto i conti con il proprio passato, né a destra né a sinistra.
La questione del "vae victis", gli assassini di fascisti e di altri alla fine della guerra è stata rimossa per anni e torna alla ribalta spesso come tentativo giustificazionista dei neo-fascisti.
A sinistra hanno rimosso tutto da decenni.
In realtà, la caccia ai collaborazionisti con i nazi-fascisti è comune in tutta Europa, dalla Norvegia alla Grecia. Anni di occupazione, violenze, stragi non deponevano molto a favore di chi fino al maggio 1945 aveva appoggiato Hitler e Mussolini. Oltre ai diretti responsabili di tutto ciò finirono nel tritacarne della giustizia / vendetta anche tante persone che non c'entravano oppure altri che avevano responsabilità minori nell'occupazione. In Italia le vittime di questo repulisti furono circa 10 – 20 mila. Il maresciallo Graziani, che avrebbe meritato il peggio, si salvò. Così come tanti generali che in Iugoslavia o in Grecia si comportarono come criminali di guerra. Il generale Roatta ne fu un esempio.
Carlo: credo che l'ordine di deporre le armi provenisse in primis dal Comando Alleato.
Giorgio: Esatto. Ad un certo punto il generale Alexander ha ordinato a tutti i partigiani di deporre le armi perché ci avrebbero pensato gli Alleati. Loro non l'hanno fatto contribuendo a rendere più difficile l'avanzata alleata in Italia e ritardando di parecchio la liberazione. Oggi sono eroi.

SETTIMO CAPITOLO
Le stragi dei partigiani

E come non ricordare poi i vari eccidi, anche di prigionieri fascisti, di cui si sono resi responsabili alcuni gruppi di partigiani, magari per vendicare la morte dei compagni assassinati e torturati dai fascisti? Tra i quali:

. **l'Eccidio di Argelato:** il 9 maggio 1945 a Pieve di Argelato in provincia di Bologna, i prigionieri furono sottoposti al giudizio di un tribunale partigiano e sommariamente condannati a morte. Privati degli effetti personali, che furono spartiti tra i partigiani, furono tutti strangolati. Guido Cevolani, fratello di uno dei prigionieri che riuscì a liberare dopo un drammatico colloquio, fu poi determinante qualche anno dopo nel far individuare al maresciallo dei carabinieri Vincenzo Masala che comandava la caserma di Pieve e denunciare gli autori della strage alla magistratura. Sempre a Pieve di Argelato si consumò un secondo eccidio per mano degli stessi partigiani garibaldini della brigata "Paolo". Era l'11 maggio del 1945. Per ore, nello stanzone dove erano rinchiusi, i prigionieri subirono un bestiale linciaggio, con pugni, calci e colpi di bastone. Furono seviziati, e coloro che non morirono per le torture furono strangolati. Nessuna delle vittime morì per arma da fuoco. In questo contesto si inquadra il martirio dei sette fratelli Govoni. Di questi, solo due cioè Dino e Marino, avevano aderito alla Repubblica Sociale Italiana, ma tanto bastava per determinare la sorte di tutti e sette. Complessivamente in seguito furono rinvenuti in due fosse comuni i corpi di 42 persone. E tra i nuovi prigionieri giustiziati figurava anche Giacomo Malaguti, 22 anni, sottotenente di artiglieria dell'esercito dell'Italia del Sud, che aveva combattuto contro i tedeschi nella Battaglia di Montecassino, rimanendo ferito e aveva fatto la campagna in una unità italiana aggregata all'esercito inglese.

Il sottotenente Malaguti, si trovava in licenza presso la famiglia nel paese di San Giorgio di Piano e l'unica sua colpa era stata quella di avere manifestato avversione al comunismo a causa delle ripetute violenze, tanto da rivolgersi ai partigiani con un "Voi comanderete ancora una settimana e poi vi sistemeremo tutti", facendo riferimento agli angloamericani che non avrebbero tollerato violenze.

Anche in questo caso, i beni trovati in possesso degli uccisi, come accertato dalla magistratura, furono spartiti tra i partigiani.

Il processo si concluse nel 1953 e riconobbe gli imputati coinvolti in diversi omicidi. Ci furono quattro condanne alla pena dell'ergastolo e furono comminate esclusivamente per l'omicidio del sottotenente Giacomo Malaguti, ma la giustizia comunque non poté fare il suo corso perché gli assassini nel frattempo erano stati fatti fuggire in Cecoslovacchia. Il crimine fu coperto dall'Amnistia Togliatti.

. **L'eccidio di Cadibona:** l'11 maggio 1945 trentotto prigionieri fascisti, appartenenti alle disciolte formazioni della Repubblica Sociale Italiana, vennero uccisi in una località nei pressi dell'abitato di Cadibona in provincia di Savona, lungo la strada statale che conduce alla galleria di Altare, sempre in provincia di Savona. Questi uomini, tra cui 13 donne, facevano parte di un gruppo di 52 detenuti che, partiti dalle carceri di Alessandria, dovevano essere portati a Savona per essere giudicati dalla Corte di Assise straordinaria. Durante il trasferimento furono scortati da cinque agenti di pubblica sicurezza, tre sottufficiali e due guardie, tutti ex partigiani. I membri della scorta divennero immediatamente i principali sospettati, ma questi accusarono a loro volta un gruppo di partigiani locali a loro sconosciuti. Dopo più di 14 anni di indagini, nel 1959, tutti gli imputati vennero amnistiati. Le cause dell'eccidio e chi effettivamente lo compì non si seppero mai e non ci fu nessun colpevole.

. **L'eccidio di Codevigo:** si tratta di uno degli episodi più gravi tra quelli avvenuti nell'Italia nordorientale nei giorni a cavallo della resa incondizionata in Italia delle forze tedesche e fasciste repubblicane. Alcune fonti sostengono che all'eccidio avvenuto in varie località in prossimità di Codevigo, parteciparono elementi provenienti dalle formazioni partigiane locali, elementi provenienti dalla 28esima Brigata Garibaldi "Mario Gordini", comandata da Arrigo Boldrini. Tra il 28 aprile 1945 e la metà di giugno dello stesso anno, furono sommariamente trucidate 136 persone tra militi della Guardia Nazionale Repubblicana, delle Brigate Nere e civili. Nella zona di Treviso furono almeno 630 le esecuzioni ad opera dei partigiani nei confronti dei fascisti arresi ed altre 391 nella zona di Udine. In quei giorni furono operati eccidi e stragi a Pedescala di Valdastico, Castel di Godego di Treviso, Saonara e Soccolongo di Padova.

. **L'eccidio di Voltri:** nella notte tra il primo e il due agosto 1945 in località Fabbriche nel comune di Voltri (Genova), una banda di ex partigiani sbandati della Brigata Buranello e di balordi della zona, tesero un'imboscata ai carabinieri Romolo Innamorati, Antonio Ficarra e Venerando Russo, tutti poco più che ventenni e in forza alla Stazione di Genova Voltri, che erano impegnati in un servizio di perlustrazione dalle ore 19 alle 22, sulla via Pegli-Voltri. Li bloccarono per rapinarli delle armi e munizioni in dotazione, allo scopo di poterle conservare come proprio arsenale e compiere altri reati. Dopo averli bastonati a sangue e derubati dei loro equipaggiamenti, i giovani militari dell'Arma vennero successivamente barbaramente uccisi a colpi di mitra e i loro corpi buttati in una fossa comune scavata dai balordi stessi vicino ad una casa colonica in località Fabbriche di Voltri. Ben presto fu possibile ricostruire il movente e l'esatta dinamica del triplice omicidio. Il 7 agosto si svolsero i funerali dei tre carabinieri alla presenza delle autorità cittadine, sia esse militari che civili e delle forze alleate e le salme furono sepolte nel cimitero di Genova Voltri. Il 9 agosto i loro assassini furono individuati e arrestati e nel processo che ne seguì condannati severamente. Due di loro alla pena capitale mediante fucilazione eseguita da un plotone di militari inglesi. L'Arma dei Carabinieri inserì i tre carabinieri nell'elenco dei propri caduti come "Vittime del Dovere".

E ancora come non ricordare:-

l'eccidio del Castello dell'Imperatore, conosciuto anche come l'eccidio della Fortezza, in cui si fa riferimento ad una serie di esecuzioni sommarie commesse a Prato il 7 settembre 1944 dove furono giustiziati almeno 9 fascisti o presunti tali:

l'eccidio di via Aldrovandi a Imola commesso il 27 maggio 1945 contro 12 fascisti delle Brigate Nere da parte di civili ed elementi della resistenza locale che fu ricollegato ad un precedente eccidio di sei familiari di fascisti imolesi, avvenuto a Cologna Veneta il 26 maggio 1945. Queste ultime vittime si trovavano, in qualità di sfollati, nell'ex asilo infantile di via XX Settembre, quando furono prelevati da alcuni partigiani e fucilati sulle sponde del fiume Guà;

l'eccidio di Malga Silvagno dove durante la seconda guerra mondiale, il 30 dicembre 1943, per un regolamento di conti, alcuni partigiani di area "badogliana" (o bianchi) fucilarono 4 partigiani di area comunista "garibaldina" (o "rossi");

l'eccidio di Gardena dove il 17 maggio 1945, cinque persone provenienti dalla Val Gardena furono arrestate, torturate ed infine uccise da partigiani bellunesi con la motivazione di avere collaborato con i nazisti;
la strage di Lamosano, dove nel marzo del 1945 partigiani della Brigata Garibaldi "Mazzini" giustiziarono sommariamente un reparto di fascisti fatto prigioniero, composto da 85 uomini, di cui 17 erano stati uccisi nello scontro a fuoco, poiché si erano rifiutati di aderire ad uno scambio tra prigionieri e per altre cause, tra cui la difficoltà di reperire cibo anche per essi, in quanto scarseggiante anche per i partigiani;
l'eccidio di Malga Bala dove il 25 marzo 1944 nel territorio del comune di Plezzo (ora territorio sloveno), 12 militi della Guardia Nazionale Repubblicana provenienti dall'Arma dei Carabinieri, che aderirono alla Repubblica Sociale Italiana piuttosto che essere deportati in Germania o passare nelle file dei partigiani, furono massacrati e sottoposti a disumane torture, sembra da partigiani slavi. Ma sul massacro dei 12 carabinieri, che erano a guardia di una centrale elettrica nel posto fisso di Bretto Inferiore, esistono diverse versioni di quanto accaduto, spesso contrastanti tra di loro e altrettanto spesso illogiche e non coerenti né internamente né con testimonianze e fatti riscontrati persino quando riconducibili alla stessa fonte. Il 27 marzo 2009 il Presidente della Repubblica Italiana, Giorgio Napolitano ha conferito a ciascun milite la medaglia d'oro al merito civile;
l'eccidio dei conti Manzoni ad opera di Silvio Pasi ed altri dodici ex partigiani comunisti gappisti avvenuto la notte tra il 7 e 8 luglio 1945 in località Frascata, nel comune di Lugo. A morire per mano degli ex partigiani furono Beatrice Manzoni, di anni 64, uccisa a bastonate, i figli Giacomo Maria Manzoni, di anni 41, ucciso con un colpo di pistola alla nuca, Luigi Manzoni, di anni 38, ucciso con colpi di pistola al mento e al torace, Reginaldo Manzoni, di anni 36, ferito, svenuto, fu sepolto ancora vivo, Francesca Lanconelli, domestica al servizio della famiglia, di anni 51, uccisa a bastonate, e il cane, un setter di nome Lilla. Nel 1953 gli assassini furono tutti e tredici condannati all'ergastolo, ma per effetto dell'amnistia Togliatti la pena fu ridotta a 19 anni dei quali solo 5 furono realmente scontati;

la strage della cartiera di Mignagola compiuta tra il 27 aprile e i primi giorni del mese di maggio 1945 da elementi partigiani delle Brigate Garibaldi, nella frazione di Mignagola, comune di Carbonera (Treviso) ai danni di 83 militari della Repubblica Sociale Italiana e di civili fascisti o presunti tali rastrellati nella zona, senza tener conto di quelli uccisi altrove o gettati nel fiume Sile. Il processo celebrato il 24 giugno 1954 si concluse con l'assoluzione in istruttoria degli imputati perché gli omicidi avvennero nel corso della guerra di liberazione e che quindi ricadessero nell'Amnistia Togliatti;
la strage della Missione Strasserra commessa il 26 novembre 1944 in località Portula (Biella) ad opera di un nucleo di partigiani appartenenti alla Brigata Garibaldi – Biella, comandati dal comunista Francesco Moranino, detto "Gemisto", ai danni di cinque partigiani legati al cosiddetto Regno del Sud e ai servizi segreti americani (OSS), scambiati per spie. A questo omicidio seguì il 9 gennaio 1945 l'assassinio delle mogli di due di essi, che stavano indagando sulla scomparsa dei loro mariti, per impedire che scoprissero e denunciassero i precedenti delitti. Francesco Moranino fu condannato all'ergastolo e nel 1957 la condanna fu confermata dalla Corte d'Assise d'Appello, ma sfuggì all'arresto perché si era rifugiato in Cecoslovacchia. La sua condanna, grazie all'indulto e l'amnistia per tutti i reati politici commessi entro il 18 giugno 1948, fu commutata a dieci anni di prigione. Il 27 aprile 1965, sempre fuoriuscito a Praga, in Cecoslovacchia, venne poi graziato dal presidente della Repubblica Giuseppe Saragat in occasione del ventesimo anniversario della liberazione, ma rimpatriò solo quando i reati determinati da movente o fine politico divennero oggetto di una vasta amnistia promulgata nel 1966. Il 19 maggio 1968, PCI e PSIUP lo candidarono al collegio senatoriale di Vercelli e fu eletto con 38.446 voti ed entrò nella Commissione industria e commercio del Senato. Morì, tre anni dopo, stroncato da un infarto;
la strage di Oderzo compiuta tra il 30 aprile e il 15 maggio 1945 a Oderzo e Ponte della Priula, in provincia di Treviso, con l'esecuzione sommaria di centotredici uomini, tra i quali 101 allievi della scuola per ufficiali della Guardia nazionale repubblicana ad opera di partigiani della brigata "Cacciatori della pianura", appartenenti alle Brigate Garibaldi e politicamente vicini al Partito Comunista Italiano, per vendetta politica.

Il processo a carico dei responsabili della strage terminò con le sentenze del 16 maggio 1953 e alcuni degli autori furono condannati

a pene variabili, dai ventiquattro ai trenta anni di reclusione, ma scontarono solo cinque anni di detenzione, per poi uscire per effetto dell'Amnistia Togliatti. Lo stesso giorno in cui avvenne la loro scarcerazione, il 20 gennaio del 1954, i condannati furono ricevuti dallo stesso Palmiro Togliatti e da Luigi Longo presso la sede del PCI a Roma in via delle Botteghe oscure;
la strage di Costa d'Oneglia, compiuta nella notte tra il 4 e il 5 maggio 1945 a Oneglia (Imperia), ai danni di ventisei fascisti, tra cui l'ex deputato Pietro Salvo, da parte di un gruppo di partigiani. Le vittime erano state prelevate dal carcere di Imperia. Il CLN tre giorni dopo la strage fece affiggere un manifesto in cui si condannava la strage e si invitava alla pacificazione. Nonostante questo, il 18 giugno 1945, furono prelevate e uccise ancora due giovani infermiere ex appartenenti del SAF sospettate di conoscere i nomi degli autori della strage, Giovanna Serini e Lidia Bosia. Furono violentate ed uccise a Oliveto di Imperia,
nei pressi di Oneglia. Nel 2006 sull'eccidio fu aperta un'inchiesta da parte della Procura di Imperia conclusasi con "un non luogo a procedere";
la strage di Rovetta avvenuta nella notte tra il 27 e il 28 aprile 1945 a Rovetta (Bergamo), mediante esecuzione sommaria di quarantatré militi fascisti appartenenti alla Prima Divisione d'Assalto "M" della Legione Tagliamento, inquadrata nell'ambito della Guardia Nazionale Repubblicana della Repubblica Sociale Italiana, da parte dei partigiani della 53esima brigata Garibaldi "Tredici Martiri" su ordine del SOE (Special Operations Executive), brigata Camozzi e Fiamme Verdi. Uno dei militari, il ventenne Giuseppe Mancini, prima di essere ucciso per ultimo, fu costretto ad assistere alla fucilazione di tutti i suoi commilitoni, in quanto i partigiani scoprirono essere figlio di Edvige Mussolini, sorella di Benito Mussolini. Le vittime avevano un'età tra i 15 e 22 anni. La Procura della Repubblica presso il Tribunale di Bergamo nel 1946 aprì un procedimento penale, che si concluse nel 1951 con una sentenza che stabilì di non dover procedere contro gli imputati, definendo questa esecuzione sommaria non un crimine, ma un atto equiparabile, in virtù del Decreto Legislativo Luogotenenziale 12 aprile 1945, n.194, a un'azione di guerra, considerato che, ufficialmente, l'occupazione nel territorio bergamasco cessò il primo maggio 1945;

l'eccidio di Schio, un massacro compiuto nella notte tra il 6 e il 7 luglio (due mesi dopo la fine della guerra) a Schio (Vicenza) da un gruppo formato da molti ex partigiani della brigata "Ramina Bedin" e da alcuni della brigata "Ismene", entrambe della Divisione garibaldina "Ateo Garemi", inquadrati quali agenti della Polizia ausiliaria partigiana (istituita alla fine della guerra e composta da ex partigiani), nei confronti di prigionieri civili e militari come rappresaglia per l'uccisione di Giacomo Bogotto e per la strage di Pedescala. Complessivamente furono giustiziate 54 persone tra uomini e donne e 17 rimasero ferite, prelevate dal carcere di Schio. La squadra che perpetrò la strage era composta da 12 ex partigiani. L'evento ebbe grande risonanza non solo nazionale ma anche internazionale, perché venne utilizzato per dimenticare il pericolo costituito dal persistere di formazioni solo nominalmente dipendenti dal CLN. Su pressione delle autorità di occupazione alleate venne aperta un'inchiesta e nel processo del 1952 risultò che, tra le persone colpite, solo 27 erano affiliate al Partito Fascista Repubblicano. Altre risultarono completamente estranee. Il governo militare alleato, nella persona del generale Dunlop governatore militare del Veneto, affidò le indagini agli investigatori John Valentino e Therton Snyder. Lo stesso generale così condannò con parole dure l'eccidio l'8 luglio 1945 al Municipio di Schio:- " **Sono qui venuto per una incresciosa missione, per un anno e mezzo ho lavorato per il bene dell'Italia, la mia opera e la mia amicizia sono state, io lo so, riconosciute e apprezzate, è mio dovere dirvi che mai prima d'ora il nome dell'Italia è caduto tanto in basso nella mia stima, non è libertà, non è civiltà che delle donne vengano allineate contro un muro e colpite al ventre con raffiche di armi automatiche e a bruciapelo. Io prometto severa e rapida giustizia verso i delinquenti, confido che il rimorso di questo turpe delitto li tormenterà in eterno e che in giorni migliori la città di Schio ricorderà con vergogna e orrore questa spaventosa notte e con ciò ho detto tutto".** Si può dire che la causa antifascista era più giusta perché si opponeva a un regime fascista che si era affermato con la violenza, l'oppressione e la soppressione dei diritti dell'individuo. Ma l'episodio di Schio è avvenuto al di fuori del periodo di guerra, quando uccidere era diventato inaccettabile. Questo era un atto fuori legge e fuori dalle regole, portato a termine dai partigiani in aperta sfida anche ai loro stessi superiori. Resta da notare, peraltro, che all'indomani dell'evento il CLN, la Camera del

Lavoro e il PCI condannarono pubblicamente l'accaduto. Tuttavia, però, l'organizzazione del PCI aiutò tre degli assassini ad espatriare segretamente a Praga su disposizione dello stesso Togliatti che aveva consultato Secchia e Longo. Altri otto invece ripararono nella Jugoslavia (in mano ai partigiani di Tito), probabilmente tramite gli stessi canali. Il processo istituito dalle autorità militari alleate si svolse nell'autunno del 1945. La Corte militare alleata, assolse due degli imputati presenti e condannò gli altri cinque, tre a morte e due all'ergastolo. Altri tre imputati furono condannati in contumacia a ventiquattro e a dodici anni di reclusione. Le condanne a morte verranno poi commutate nel carcere a vita dal capo del governo militare alleato, il contrammiraglio Ellery Stone. Gli ex partigiani Valentino Bortoloso, Renzo Franceschini, Antonio Fochesato, tra i condannati a morte con pena poi commutata, Gaetano Canova e Aldo Santacaterina, tra i condannati all'ergastolo. Grazie alle varie amnistie, la pena effettivamente scontata dai cinque condannati presenti fu tra i 10 e 12 anni. Ruggero Maltauro ed Igino Piva (latitanti), pur sospettati di essere i capi, non vennero giudicati in quanto il processo anglosassone non prevedeva giudizi in capo agli imputati assenti. Il Maltauro, sarà poi condannato all'ergastolo dal processo italiano del 1952, dopo essere stato estradato dalla Jugoslavia. Igino Piva invece rientrò in Italia, dopo l'ennesima amnistia, nel 1974 senza scontare neppure un giorno di carcere. In tutto furono celebrati tre processi e l'ultimo nel 1956 a Vicenza, undici anni dopo l'eccidio. In tutto ci furono 54 morti (38 civili, 16 militi) di cui 15 donne. Sette vittime erano minorenni. Quelli rimasti feriti ma non uccisi furono 17. Gli illesi, mitragliati ma non colpiti furono 15. Quelli risparmiati dai partigiani furono 6;

la strage della corriera fantasma, conosciuta anche come strage della corriera della morte, commessa tra il 16 e il 17 maggio 1945 a Concordia sulla Secchia e San Possidonio, in provincia di Modena, nei giorni successivi alla liberazione d'Italia da partigiani garibaldini nei confronti di 16 ex militari fascisti o presunti tali che vennero uccisi e sepolti in due fosse comuni e dopo 23 anni fu rinvenuta una terza fossa comune anche a San Possidonio. Per tali delitti furono svolti due processi nel 1950 – 1951 e nel 1970: in quello relativo ai fatti di Concordia vennero condannati due ex partigiani, mentre il procedimento per i fatti di San Possidonio vide il proscioglimento degli accusati per amnistia e prescrizione del reato;

l'eccidio di Thiene avvenuto tra il 17 ed il 19 maggio 1945 nel quale partigiani forlivesi, conosciuti come la squadra della morte, con la complicità di alcuni partigiani locali, fucilarono 25 prigionieri ex appartenenti della XXV Brigata Nera "Arturo Capanni", più altri due di provenienza non conosciuta. Le vittime erano tenute prigioniere a Thiene e le uccisioni avvennero a Lusiana e ad Arsiero. Il 4 marzo 1958 ognuno degli ex partigiani forlivesi fu condannato a 20 anni di reclusione per omicidio. Le pene furono condonate a causa delle numerose amnistie intervenute;

l'uccisione di ecclesiastici in Italia nel secondo dopoguerra: durante il biennio immediatamente successivo alla cessazione delle ostilità del secondo conflitto mondiale vi furono anche alcuni episodi delittuosi le cui vittime appartenevano al clero della Chiesa cattolica. Le uccisioni avvennero nel centro-nord Italia con particolare preminenza in Emilia-Romagna nel perimetro compreso tra le zone di Bologna, Modena e Reggio Emilia dove fu coniato il termine di "Triangolo della morte", vista la concentrazione di omicidi, sia di sacerdoti che di laici in quell'ambito territoriale. Il sacerdote e storico imolese Mino Martelli ha calcolato in 110 il numero complessivo di delitti;

l'eccidio di Valdobbiadene avvenuto tra il 3 e il 5 maggio 1945 nei dintorni di Valdobbiadene ad opera dei partigiani della Brigata Garibaldi "Mazzini" nei confronti di circa 50 prigionieri, civili e militari, legati alla Decima Flottiglia Mas. Non seguì nessun esito giudiziario significativo nei confronti degli autori dell'eccidio;

l'eccidio dell'ospedale psichiatrico di Vercelli: ebbe luogo in parte nel comune di Vercelli e in parte nel comune di Greggio tra il 12 ed il 13 maggio 1945 – ad opera di alcuni partigiani della 182esima Brigata Garibaldi "Pietro Camana" attraverso l'esecuzione sommaria di un gruppo di militi della Repubblica Sociale (RSI) prelevati dallo stadio di Novara, allora adibito a campo di concentramento. Secondo le diverse fonti, i militi uccisi furono tra 51 e 65. Il procedimento giudiziario a carico dei responsabili della strage non arrivò mai alla fase dibattimentale e nessuno tra i 27 imputati fu mai condannato. (Fonti WIKIPEDIA)

E poi ancora come non ricordare **Jolanda Crivelli**, uccisa dai partigiani. Era un'ausiliaria della Saf (Servizio ausiliario femminile della Repubblica Sociale Italiana). Aveva solo 20 anni ed era la giovanissima vedova di un ufficiale del Battaglione M, ucciso a Bologna durante la guerra civile, in un agguato dei "Sapisti" (costola della banda comunista dei gap). Il 26 aprile 1945 Jolanda Crivelli raggiunse Cesena, la sua città natale, per tornare dalla madre, che viveva sola. Immediatamente, come capitava in quei terribili giorni, fu riconosciuta e additata da suoi concittadini ad alcuni partigiani comunisti:" E' una fascista, moglie di fascista". Percossa a sangue, torturata, verosimilmente violentata, denudata, fu trascinata per le strade di Cesena tra gli sputi della gente. Davanti alle carceri fu legata a un albero e fucilata. Il cadavere nudo, rimase per due giorni esposto a tutti come ammonimento per tutti i fascisti. Poi fu permesso alla madre di seppellirla. Ma tante altre ausiliarie o ritenute vicino al fascismo furono assassinate dai partigiani. Alcune fonti parlano di circa mille donne uccise in quei mesi, tutte giovanissime, moltissime torturate e violentate prima di essere assassinate. La cifra si riferisce non solo alle impegnate politicamente o militarmente, ma anche figlie, mogli, madri di soldati della Repubblica Sociale, colpevoli solo di questo. E moltissime di loro sono rimaste per sempre senza nome, ignorate dai meandri della storia. La Crivelli fu solo una delle tante donne assassinate.

Ma in Italia, tra il 1943 e il 1945, si combatterono non solo la guerra tra gli eserciti alleati e tedeschi, ma anche una guerra contro i civili italiani. Storiograficamente si è approfondita soprattutto la matrice nazista della violenza, trascurando la componente fascista.

L'evento più tragicamente noto tra i 5.626 o 5862 episodi di stragismo, nei quali hanno perso la vita 24.384 persone (53% civili, 30% partigiani), è sicuramente quello che viene comunemente definito come la strage di Marzabotto. Ci sono stati italiani che hanno vissuto la guerra da protagonisti in negativo, pervasi dalla propaganda della dittatura fascista.

Italiani carnefici di altri italiani, come nel caso di Merico Zuccari, personaggio semisconosciuto che invece esprime nella maniera tragicamente peggiore non il collaborazionismo, bensì l'autonoma violenza dei fascisti italiani contro altri italiani, partigiani o meno.

Proprio nel momento in cui le sorti di Hitler e Mussolini si facevano più precarie, la dominazione nazifascista si trasformò in un orrore quotidiano. Le stragi, in particolare vennero utilizzate spesso in modo selettivo, razionale, cinico: per eliminare dissidenti e combattenti antifascisti, o i loro sodali; ma anche per intimorire e colpire la popolazione, nel tentativo di far terra bruciata attorno ai partigiani. La violenza ebbe infatti una doppia valenza: repressiva, come atto di punizione esemplare, e preventiva, come mezzo di deterrenza che avrebbe dovuto inibire atti di disobbedienza.
La sola assistenza dei partigiani – prima ancora delle loro azioni – servì ai nazifascisti come pretesto per scagliarsi contro i civili. Civili che i tedeschi, del resto, guardavano con autentico disprezzo. La strategia stragista, spiega lo storico Marco Palla, già professore ordinario all'Università di Firenze, fu incorporata nella strategia militare tedesca e in questo senso la guerra ai civili, imposta dai nazisti col supporto dei fascisti della Rsi, fu una scelta delle forze che occupavano l'Italia centrosettentrionale. Una scelta precisa e deliberata che aveva lo scopo di impedire qualsiasi forma di opposizione. Si aggiunga che i nazisti, oltre a voler punire tutti i "traditori", ritenevano che quella italiana fosse una popolazione inferiore, con una forte componente di discriminazione.
Rappresaglie, rastrellamenti, fucilazioni, impiccagioni: le tipologie di stragi furono molto diverse. Così come i bersagli e le aree coinvolte: partigiani o individui legati a loro, militari, prigionieri, disertori, renitenti, donne, bambini, religiosi, ebrei, minoranze, sbandati. Nell'ambito delle manovre militari avviate per stroncare la resistenza e sottomettere le zone occupate, il valore della vita venne calpestato.
Più il sostegno diretto e indiretto ai partigiani aumentava, a ragione di un'opposizione sempre più diffusa, più la ferocia nazifascista si intensificava. Aspirare alla libertà, per i nazisti e per i loro alleati italiani, divenne infatti un affronto intollerabile. E mettere in discussione l'autorità, la gerarchia e l'ordine, in molti casi aveva una sola conseguenza: una condanna a morte senza appello.
La strage delle Fosse Ardeatine (335 vittime), quella di Marzabotto (1.805 vittime) e quella di Sant'Anna di Stazzema (560 vittime) furono le più eclatanti, e oggi le più ricordate.

Ma molti altri massacri funestarono l'Italia: basti pensare alla strage di Cavriglia (192 vittime) o a quella del Padule di Fucecchio (174 vittime). Inoltre, agli eccidi si aggiunsero torture e sevizie, deportazioni e incendi, stupri, furti o saccheggi.

OTTAVO CAPITOLO
Il migliore e più efficace degli antidoti
– Il giallo della lettera di Togliatti -

Alla domanda su quale politico italiano ha sulla coscienza migliaia di morti, sulla bacheca di **loannis** si legge:
"Con il crollo dell'Unione Sovietica, nel 1989, si consentì ai rappresentanti del Commissariato generale per le onoranze ai caduti in guerra di accedere agli archivi che contenevano la documentazione relativa ai dispersi italiani. E fu in quel momento che emerse una lettera del 15 febbraio 1943, firmata da Palmiro Togliatti. Il segretario del Pci rispondeva a Vincenzo Bianco, rappresentante del partito presso il Komitern, che gli spiegava le terribili condizioni di prigionia dei nostri uomini e che gli chiedeva un intervento presso Stalin.
Togliatti rispose: "La nostra posizione di principio rispetto agli eserciti che hanno invaso l'unione sovietica è stata definita da Stalin e non vi è più nulla da dire. Se un buon numero di prigionieri morirà non ci trovo assolutamente niente da dire e ti spiego il perché.
Il popolo italiano è stato avvelenato dalla ideologia imperialista fascista e il fatto che per migliaia e migliaia di famiglie la guerra di Mussolini, e soprattutto la spedizione contro la Russia, si concludano con una tragedia, con un lutto personale, è il migliore e più efficace degli antidoti".
Chissà se i nostri dispersi e le loro famiglie avrebbero condiviso la sua intransigenza. Povera gente che non sapeva nemmeno il motivo per cui era lì; mandata non solo al macello in una terra gelida ma anche abbandonata dalle nostre istituzioni.
Flavio: a parte essere comunisti o altro ma la lettera è un falso già smascherato innumerevoli volte. E' ripresentata in modo periodico dai soliti beceri spargitori di documenti manipolati o falsi.
Filippo: per la verità che io sappia la lettera viene considerata verosimilmente autentica dalla maggior parte degli storici: viene messa in dubbio da una parte degli storici di sinistra.
Luca: per chi arriva sin qui: non è vero, la lettera di Togliatti venne ripetutamente modificata per farlo sembrare spietato. Qui si spiega perché è una bufala.
Manipolata la lettera di Togliatti – La Repubblica

Mosca – Alessandro Natta aveva ragione. Non era di Togliatti quel "divino" affibbiato ad Hegel nella lettera del Migliore sui soldati dell'Armir, non era sua quella sintassi incerta. Ma – soprattutto – non erano sue le frasi più cupe della missiva pubblicata ai primi di febbraio dallo storico Franco Andreucci, e su cui Francesco Cossiga – nel pieno di una durissima campagna contro il Pds – avrebbe voluto costituire una commissione di storici. A quindici giorni dalle prime "rivelazioni" di Panorama, è una clamorosa sorpresa quella che i corrispondenti della Repubblica e della Stampa a Mosca si sono trovati di fronte scartabellando negli archivi del Comintern. Perché da uno sguardo al primo dei quattro fascicoli che racchiudono gli scritti autografi del leader comunista emerge la certezza che il testo originale della lettera è stato manipolato ad uso dei lettori italiani. Che ben dodici tra correzioni, omissioni e aggiunte hanno stravolto il senso delle parole scritte di pugno dal segretario del Pci a Vincenzo Bianco, preoccupato per la sorte degli alpini prigionieri nei lager sovietici. Difficile capire che cosa sia successo, scommettere sul dolo o ipotizzare una incredibile serie di errori di Andreucci, effettivamente il primo studioso – attestano i registri dell'ex istituto per il Marxismo – Leninismo – a compulsare i quattro fogli fitti della scrittura ordinata, in italiano, del Migliore. Sta di fatto, però, che già dopo poche righe salta agli occhi la prima differenza tra il testo che ha "agghiacciato" Achille Occhetto e quello effettivamente scritto da Togliatti. Uguali, effettivamente, sono i passi in cui il segretario comunista chiarisce la sua adesione "di principio" alla posizione di Stalin, e anche il suo "non aver niente da dire" se un buon numero di soldati italiani fosse morto "in conseguenza delle dure condizioni di fatto" nei campi di prigionia. Ma poi, dopo aver parlato del lutto personale di tante famiglie come del "più efficace degli antidoti", Togliatti scrive: " Quanto più largamente penetrerà nel popolo la convinzione che aggressione contro altri paesi significa rovina e morte per il proprio, significa rovina e morte per ogni cittadino individualmente preso, tanto meglio sarà per l'avvenire d'Italia". Nella versione Andreucci, invece, si legge" (...) aggressione e il destino individualmente preso di tante famiglie è tragico (...)". Più avanti, dopo alcune diversità di minor rilievo, è la scelta della punteggiatura e di una congiunzione a rovesciare il senso di un ragionamento che sottolinea come fosse difficile per i sovietici aver comprensione per gli invasori, "anche se è vero che molti dei prigionieri sono venuti qui solo perché mandati". A maggior ragione, prosegue il “vero” Togliatti, quando “non si vede nel popolo una lotta aperta contro la politica delle classi dirigenti”. La più vistosa manipolazione riguarda però la frase che più di tutte ha fatto parlare di un Togiatti cinico dirigente politico, se non proprio “sanguinario uccisore” di italiani. Secondo Andreucci, il Migliore riassumeva così il suo pensiero: “T” ho già detto. Io non sostengo affatto che i prigionieri si debbano assassinare, tanto più che possiamo ottenere certi risultati in altro modo. Ma nelle durezze oggi che possono provocare la fine di molti di loro non riesco a vedere altro che la concreta missione di quella giustizia che il divino Hegel diceva essere immanente nella Storia”. Al lettore italiano, il linguaggio di Togliatti sembrava quello di un uomo convinto che fosse comunque un bene far morire – non importa come, magari di freddo, o di fame – i soldati spediti senza scarpe e cappotti da Mussolini in Russia a “sistemare i rossi”. Senonché, nel testo originale, la frase suona così: “T” ho già detto. Io non sostengo affatto che i prigionieri si debbano sopprimere, tanto più che possiamo servircene per ottenere certi risultati in un altro modo. Ma nelle durezze oggettive che possono provocare la fine di molti di loro, non riesco a vedere altro che la concreta espressione di quella giustizia che il vecchio Hegel diceva di essere immanente in tutta la Storia”. Ed il senso è tutt’altro: allude al possibile ruolo dei sopravvissuti come testimoni della disfatta dell’aggressione fascista all’Urss, richiama la durezza “oggettiva” di tutte le prigionie in tutte le guerre, legge nel dramma dei soldati dell’Armir il modo in cui la giustizia della storia evocata da Hegel trova una manifestazione evidente, e non la sua “missione”. Resta, nel documento, la testimonianza del Togliatti “tutto politico”, freddo realista, partecipe di una visione finalistica delle vicende umane che fu sua e di tutta una generazione di dirigenti comunisti cresciuti assai prima alla scuola degli idealisti tedeschi che a quella di Lenin e dei bolscevichi. Si attenua, fin quasi a scomparie, quella del “traditore” evocato nei giorni scorsi dalla stampa di destra e dal Quirinale. Ora, la parola passa agli storici, e a Franco Andreucci. Due verità sono troppe. Specialmente in campagna elettorale (14 febbraio 1992 – La Repubblica -).

NONO CAPITOLO
Pareri di gente comune

Per **Federico** il problema di tutti i dittatori, è che non è previsto il pensionamento...arrivano al punto in cui il tema diventa la guerra, la lotta al nemico (esterno o interno). Da quel momento in poi non si parla più dello sviluppo del paese ma solo della sopravvivenza del regime...che duri pochi anni o tanti a quel punto poco cambia. Sono davvero pochi i dittatori che se ne vanno in modo soft e senza lasciare il paese nel caos o povero in canna...mi viene in mente solo Franco... Che poi spesso i dittatori abbiano fatto anche delle cose buone, è molto comune. La fase del consenso c'è quasi sempre e i dittatori difendono sempre gli interessi di un pezzo di paese che è pronto a sostenerli...

Per **Giorgio,** secondo molte teorie, se Mussolini si fosse dichiarato neutrale sarebbe morto nel suo letto come Franco. Certo, il fascismo infatti favoriva gli interessi della borghesia e degli industriali ma mirava anche ad ottenere il consenso delle masse attraverso riforme e servizi popolari. Franco in realtà aveva già designato il suo successore, Juan Carlos di Borbone. La sua fu una transizione indolore.

Per **Carlo** il punto è che avrà fatto pure cose buone, ma a che prezzo? Il paese distrutto, morti, stragi, la distruzione della reputazione del paese (ci vorranno anni di paziente lavoro politico e diplomatico per tornare nel consesso delle nazioni rispettabili), vale la bonifica di due paludi? O i treni in orario? (e non mi viene in mente altro di significativo peraltro...). Secondo me: no.

Mirko premette che non è uno storico e non ha un background solidissimo su tale argomento. E su Mussolini dice che se non avesse avuto manie di grandezza molto probabilmente sarebbe morto come Franco e sarebbe ricordato come un ottimo dittatore (fino alle campagne d'Africa era considerato come tale, ma potrei sbagliare). Tra le cose positive di Mussolini aggiunge che buona parte della piana del Sele (oggi polo produttivo agricolo principale) è stata bonificata dal suo regime tra gli anni 20 – 30.

Per **Marco** se gli anglo – francesi fossero stati più accomodanti (esplicito riferimento al fallimento del patto Hoare – Laval del 1935 per la spartizione dell'Etiopia), Mussolini sarebbe rimasto più vicino agli Alleati..., ma gli inglesi per buona parte di quel momento, iniziarono poi a mettere i bastoni fra le ruote tanto che, quando

Churchill implorò l'entrata dell'Italia, Mussolini dopo tutti quei volta faccia ricevuti andò con l'Asse e sappiamo tutti com'è finita.
Per **Claudio** Mussolini ha commesso un solo errore, e cioè quello di credere troppo nell'italiano e non aver fatto carte false per impedire la campagna in Russia degli alleati. Bonifiche, case, lavoro, infrastrutture, servizi pubblici, sanità, ecc. ecc....inutile dirlo: un genio! Siamo in molti a pensarlo.
Per **Francesco** il problema è che nelle scuole italiane (lo dico da neo diplomato) si è sempre insegnato in maniera non approfondita la storia e sempre con una tendenza un po' a sinistra. L'estremismo di destra o di sinistra è sempre un male, ma nelle scuole italiane tutto questo non viene insegnato. Soprattutto non si parla dei mali e delle morti che ha causato il comunismo in Russia e negli altri paesi, Italia compresa.
Gianluca: Aggiungerei un commento sulla RSI: alla fine del 1943 l'alternativa alla RSI non era la costituzione di una democrazia parlamentare bensì un'invasione tedesca del centro – nord ancora più feroce di quella che ci fu in realtà. Lo stesso Hitler aveva espresso l'intenzione di "fare come in Polonia". La scelta della RSI fu certo un male, ma nelle circostanze reali fu il "male minore" e non il "male assoluto" come qualcuno ebbe a dire.
Per **Tiziano** alla domanda sul perché alcuni si ostinano a pensare che Mussolini abbia fatto anche cose buone, risponde che non esiste persona al mondo che non abbia fatto anche cose buone e che quindi non ha senso porre l'accento proprio su questo aspetto. Un prete pedofilo magari donava il sangue. Un mafioso magari faceva doni agli orfanotrofi. Un marito che picchia la moglie magari fa volontariato alla mensa dei poveri. Insomma, il fatto che un criminale abbia anche fatto cose buone, non lo rende meno criminale e non compensa il resto. Quindi che senso ha parlarne?

DECIMO CAPITOLO
Cos'è la destra, cos'è la sinistra cantava Giorgio Gaber

Destra Sinistra, un testo provocante e contro le facili etichette e i luoghi comuni. Gaber analizzava, ironicamente, che cosa fosse di destra e di sinistra e lo faceva in barca. Molti vi strapperanno il sorriso: di questi tempi, è oro!

Tutti noi ce la prendiamo con la storia. Ma io dico che la colpa è nostra. E' evidente che la gente è poco seria. Quando parla di sinistra o destra.

Ma cos'è la destra, cos'è la sinistra. Ma cos'è la destra, cos'è la sinistra.

Fare il bagno nella vasca è di destra. Far la doccia invece è di sinistra. Un pacchetto di Marlboro è di destra. Di contrabbando è di sinistra. Ma cos'è la destra, cos'è la sinistra.

Una bella minestrina è di destra Il minestrone è sempre di sinistra. Tutti i film che fanno oggi son di destra. Se annoiano son di sinistra. Ma cos'è la destra, cos'è la sinistra.

Le scarpette da ginnastica o da tennis. Hanno ancora un gusto un po' di destra. Ma portarle tutte sporche e un po' slacciate. E' da scemi più che di sinistra. Ma cos'è la destra, cos'è la sinistra.

I blue-jeans che sono un segno di sinistra. Con la giacca vanno verso destra. Il concerto nello stadio è di sinistra. I prezzi sono un po' di destra. Ma cos'è la destra, cos'è la sinistra.

I collant sono quasi sempre di sinistra. Il reggicalze è più che mai di destra. La pisciata in compagnia è di sinistra. Il cesso è sempre in fondo a destra. Ma cos'è la destra, cos'è la sinistra.

La piscina bella azzurra e trasparente. E' evidente che sia un po' di destra. Mentre i fiumi, tutti i laghi e anche il mare. Sono di merda più che sinistra. Ma cos'è la destra, cos'è la sinistra.

L'ideologia, l'ideologia. Malgrado tutto credo ancora che ci sia. E' la passione, l'ossessione della tua diversità. Che al momento dove è andata non si sa. Dove non si sa, dove non si sa.

Io direi che il culatello è di destra. La mortadella è di sinistra. Se la cioccolata svizzera è di destra. La nutella è ancora di sinistra. Ma cos'è la destra, cos'è la sinistra.

Il pensiero liberale è di destra. Ora è buono anche per la sinistra. Non si sa se la fortuna sia di destra. La sfiga è sempre di sinistra. Ma cos'è la destra, cos'è la sinistra.

Il saluto vigoroso a pugno chiuso. E' un antico gesto di sinistra. Quello un po' degli anni 20, un po' romano. E' da stronzi oltre che di destra. Ma cos'è la destra, cos'è la sinistra.
L'ideologia, l'ideologia. Malgrado tutto credo ancora che ci sia. E il continuare ad affermare. Un pensiero e il suo perché. Con la scusa di un contrasto che non c'è. Se c'è chissà dov'è, se c'è chissà dov'è.
Tutto il vecchio moralismo è di sinistra. La mancanza di morale è a destra. Anche il Papa ultimamente è un po' a sinistra. E' il demonio che ora è andato a destra. Ma cos'è la destra, cos'è la sinistra.
La risposta delle masse è di sinistra. Con un lieve cedimento a destra. Sono sicuro che il bastardo è di sinistra. Il figlio di puttana è a destra. Ma cos'è la destra, cos'è la sinistra.
Una donna emancipata è di sinistra. Riservata è già un po' di destra. Ma un figone resta sempre un'attrazione. Che va bene per sinistra e destra. Ma cos'è la destra, cos'è la sinistra.
Tutti noi ce la prendiamo con la storia. Ma io dico che la colpa è nostra. E' evidente che la gente è poco seria. Quando parla di sinistra o destra.
Ma cos'è la destra, cos'è la sinistra. Ma cos'è la destra, cos'è la sinistra.
Destra, sinistra
Destra, sinistra
Destra, sinistra
Destra, sinistra
Destra, sinistra
Basta!
(Fonte musixmatch)
Alberto: ero di destra oggi sono orgogliosamente di sinistra. La ragione per cui ero di destra è stata un'educazione all'anticomunismo e questa mi è rimasta. La ragione per cui lentamente mi sono spostato a sinistra è perché a sinistra ho trovato dei valori in cui mi rispecchio (ed i maggiori attivisti erano a sinistra), quali ad esempio:-
. l'ambientalismo;
. l'inclusività;
. la redistribuzione dei redditi;
. il supporto del settore pubblico in alcuni settori specifici;
. l'uguaglianza di fronte alla legge di tutti, compresi i politici;

. il femminismo;
. il pacifismo;
. la tassazione progressiva;
. il supporto della classe media;
. l'educazione, sanità e trasporti pubblici;
. l'europeismo;
. il federalismo;
. lo sviluppo di forme di democrazia diretta;
. il parlamentarismo;
. il voto ai 16enni;
. il supporto alla comunità LGBTQ+;
. la liberalizzazione delle droghe;
. la guerra (non lotta) alla mafia;
. il diritto internazionale collaborativo e diplomatico;
. l'antifascismo;
. il repubblicanesimo;
. la laicità.

Gianfranco: ma oggi cosa significa realmente essere di destra o sinistra? Sostanzialmente nulla. Rizzo del PCI su 10 punti 7 sono simili a casapound, allora di cosa parliamo? Ho avuto mia madre dirigente CGIL filcams comunista vecchia guardia e mio padre dirigente regionale del PLI, eppure tutti i figli sono cresciuti con i vecchi valori. A sinistra vedo solo ipocrisia e indottrinamento per lobotomizzati a destra vedere Salvini mi fa piangere. Però rimango legato alla destra liberale e repubblicana quella che voleva Cavour e Mazzini, quella dei primi due presidenti della repubblica e padri costituenti Enrico De Nicola e Luigi Einaudi. Oggi non esiste destra o sinistra mettiamocelo nella testa, esiste un establishment che se ne fotte della destra o della sinistra, quella la lascia al gregge a crederci!

Angelo: mi elenchi i 7 punti che io comunista avrei con un fascista di casa Pound?

Sergio: mi sa che tu non abbia percepito i valori di tua madre, se vedi certe cose a sinistra.

Gianfranco: mia madre funzionaria sindacalista CGIL Filcams anni 70/80 con Pajetta, lama, ecc.....mi sono sparato tanti di quei festival dell'unità che manco sapete cos'erano 40 anni fa. Oggi mia madre (86 anni) se incontra Schlein la prende a ceffoni...Il PCI aveva il 32/33%, il PD a malapena arriva al 18/19%.

Alessandro: mi sono sempre considerato liberale e di destra, ma a quanto pare ho tanto in comune con la sinistra.

Thomas: perché una destra vera incarna anche buona parte di questi valori. Perché sono valori umani, non opinioni politiche. Per dire: in Germania la CDU (destra cristiana) ha promosso e votato la legge per equiparare totalmente i matrimoni omo e quelli eteri. Sottolineo la parola "matrimoni", non matrimoni – vs – unioni. Una coppia omo non ha né un diritto né un dovere di meno rispetto ad una etero. In Italia dobbiamo imparare a chiamare le cose col proprio nome. Salvini e la Meloni non sono di destra, è una distorsione, sono estrema destra. Così come il PD è di sinistra solo a causa della distorsione attuale, perché nei fatti è un centrodestra moderato.
Flavio: bisogna valutare ciò che è giusto da ciò che è sbagliato, non ciò che è di destra o di sinistra. Da persona di sinistra ciò che trovo di positivo in questa idea è anche la possibilità di esercitare una critica (a volte anche feroce) alle proprie azioni e ai propri leader, tanto che spesso questa porta a sconti, scissioni, e politiche in ordine sparso, mentre la destra è in grado di trovare coesione anche attorno alle idee più bislacche e assurde, basta che pensi che se vanno al governo Melone e Salvini la loro idea è di uscire dall'Europa in un modo o nell'altro portandoci verso il baratro (i nostri conti pubblici fanno tremare le vene ai polsi a chiunque, lo sapeva bene anche il nano puttaniere di Arcore, non siamo mica la Germania o la Norvegia noi), e sta sicuro che poi addosserebbero la colpa alla sinistra colpevole di averci portato in Europa. Ci sarebbe da ridere se non fosse una tragedia. In Italia ci vorrebbe una destra liberale coerente e responsabile, ma quello che emerge sono le solite nostalgie neofasciste.
Isoli: provo a tradurre un detto che conosco in tedesco: " Chi da giovane non è di sinistra non ha cuore " – " Chi da adulto non è di destra ha cervello ". Abbiamo esempi all'infinito di regimi di sinistra che del tuto elenco (niente di personale) se ne sono fatti un baffo. Io sono del parere che una buona politica deve essere un po' strabica.
Alberto: te ne racconto io uno che ho creato personalmente: " se potessi andare indietro nel tempo e parlare di politica con tuo bisnonno verresti chiamato da lui:" comunista effeminato con pericolose idee anarchiche". Questo va considerato. Nel parlamento inglese dicevano nel 1918: " daremo il voto alle donne e poi a chi alle Mucche?". Oggi nel parlamento italiano dicono: " permetteremo agli omosessuali di sposarsi e poi a chi ai cani?".

Vede, oggi non esiste una sola legge del codice che verrebbe descritta come sacrosanta da chiunque nacque nel 1800..(ma nessuna!), quindi "Chi da adulto non è di destra non ha cervello" vale poco per me. Siamo tutti comunisti anarchici agli occhi di chi è nato nel 1950.

Massimo: in sostanza:" rivoluzionari a 20anni, progressisti a 40anni, moderati a 50anni, conservatori a 60anni", oppure " si nasce incendiari e si muore pompieri "-

Maria Grazia: io sono nata in una famiglia dove mio padre era fascista, mia madre DC e che ha votato la monarchia nel 1946. Mio fratello, più vecchio di me i 13 anni, comunista. Io ho seguito mio fratello.

Massimo: e non sei diventata quantomeno, dopo il crollo del muro di Berlino, socialdemocratica?

Gino: quasi tutti valori condivisi da chiunque abbia a cuore il prossimo e il luogo in cui vive. E a destra siamo in molti.

F.V.: non quelli che contano.

Gino: la sinistra è quella che ti accusa di populismo, mentre si fa spiegare:

. i diritti civili da una coppia di influencer milionari;

. come salvare l'ambiente da una ragazzina (intoccabile) di 16 anni che ci dice che inquiniamo molto;

. come gestire il problema migranti da uno che lo scrive dal suo attico a new York dopo averci insegnato che la mafia è una cosa brutta;

. come gestire l'integrazione di un attorucolo che vuole mandare gli unicorni a raccogliere pomodori a 2 euro l'ora mentre alcune famiglie non arrivano a fine mese.

La sinistra è quella dalla parte dei lavoratori, ma che ti dà del complottista se chiedi di riaprire la tua attività seguendo le precauzioni necessarie.

La sinistra è quella competente, ma che rischia di far rimanere 20 persone senza lavoro per non avere studiato adeguatamente il contratto d'acquisto di una multinazionale metallurgica.

La sinistra è quella che difende l'Europa (Francia e Germania su tutti) mentre Macron imbuca unicorni dal confine e ci ruba il Monte Bianco.

La sinistra è quella che ti dice le cose come stanno, mica come quel populista di Salvini, poi però firma i prestiti dall'Europa dicendo che comprendono condizioni minime, quando in realtà sono più di 200.

La sinistra è quella colta che si basa su argomentazioni approfondite, ma se sei contrario all'attuale (non) gestione dell'immigrazione di massa, ti lapida con un "sei razzista".
La sinistra è quella contro lo sciacallaggio, ma appena succede qualcosa a un unicorno o a un arcobaleno, spalma ovunque accuse alla destra omo – xenofoba.
Ricordate l'uovo nell'occhio all'atleta di colore che rischiava di saltare le Olimpiadi? Era come nuova quando si è scoperto essere stato il figlio di uno del PD. E i vari suicidi "a causa di omofobia e razzismo" che hanno fatto notizia negli ultimi mesi? Smentiti tutti dalle famiglie delle vittime.
La sinistra è quella che accusa chiunque non di sinistra che salga al governo in qualsiasi parte del mondo di essere un dittatore guerrafondaio, ignorando che Trump è stato molto più diplomatico dei predecessori dem con Russia e Medio Oriente.

UNDICESIMO CAPITOLO
Destra e Sinistra in Italia

Si differenziano in campo etico e sociale. Le posizioni della destra, più o meno radicali, sono conservatrici, patriottiche e legate alla religione, mentre in quelle di sinistra prevalgono idee progressiste, internazionaliste e una concezione dello Stato prevalentemente laica. Per la destra è opinione comune che certe gerarchie e ordini sociali siano desiderabili, inevitabili, naturali o normali sostenendo questa posizione sulla base dell'economia, della legge naturale o della tradizione. La sinistra sostiene l'uguaglianza sociale e l'egualitarismo. I suoi aderenti, in genere, percepiscono alcuni membri della società come svantaggiati rispetto ad altri, e ritengono che ci siano disuguaglianze ingiustificate che devono essere ridotte o abolite. La destra è stata influenzata e dominata dal fascismo come regime e dal post-fascismo come ideologia. Il fascismo, alle sue origini, ha trovato un naturale erede nel Nazionalismo. Tant'è che oggi essere di destra equivale ad essere etichettato come seguace del post-fascismo e chi sostiene di non essere né di destra, né di sinistra, spesso ha idee di destra che, per un motivo o per l'altro, non vuole qualificare come tali. Là dove la sinistra è principalmente conflitto e antitesi, ovvero non accettazione dei rapporti di forza basati sull'accumulo di potere individuale, e delle diseguaglianze che si formano nella società, a causa delle diversità sociali e individuali, la destra è riconoscimento di un ordine e di una gerarchia naturale che consente alla società umana di funzionare al meglio.
Essere di destra implica il desiderio di avere una forte entità statale, che accentri i poteri di polizia, sicurezza, difesa, tassazione, pene severe, certe, carcere punitivo, diritto all'autodifesa, controllo del territorio. La sinistra al contrario invita i cittadini a prendersi i diritti, sotto forma di emancipazione, di ribellione, perciò non punta all'ordine, ma al conflitto sociale.
Essere di sinistra ha significato per molto tempo far parte del partito comunista italiano (PCI), il più grande partito comunista dell'Occidente. Essere di sinistra significa essere oggi post-comunisti, socialisti, socialdemocratici, socialisti liberali e in generale antifascisti, ambientalisti, garantisti, mondialisti, no-global, ecc.. Storicamente la sinistra ha rappresentato gli operai e ha trovato una naturale sponda nel mondo sindacale, nella scuola,

nell'università. I più giovani seguono sempre la causa palestinese e tutti quelli che in qualche modo sono riconducibili ai partiti a sinistra del PD sono a favore di una soluzione che ponga fine a quella che viene vista come un'occupazione di Israele, alimentandone l'antisemitismo. E ciò anche dopo il vile attacco del 7 ottobre 2023, in territorio israeliano, al confine con la striscia di Gaza, da parte di terroristi palestinesi di Hamas, che hanno barbaramente massacrato circa 1400 giovani inermi e fatti centinaia di prigionieri, scatenando poi la terribile reazione di Israele con la distruzione di Gaza e la morte ad oggi di oltre 35 mila palestinesi, tra i quali migliaia di incolpevoli donne e bambini, terroristi compresi.

DODICESIMO CAPITOLO
Fascismo e Antifascismo nel 2024

Ma se il fascismo è scomparso nel 1946 ha senso parlarne oggi? Ma perché quelli del PD e della sinistra in genere continuano ancora adesso a parlare di fascismo e antifascismo? Sono forse diventati Scemi? E già che ci sono non potrebbero parlare di etruschi? Per Andrea, un cittadino qualunque, il fascismo non è morto nel 1946. Il fascismo, dice Andrea, utilizzando la definizione di Umberto Eco, l'autore del famosissimo libro dal titolo "Il nome della rosa", un thriller/film che tanto successo ha riscosso in tutto il mondo, è esattamente come la bomba atomica o i campi di sterminio e cioè che una volta inventati non lo si possono mica "disinventare" o illudersi di dimenticare. Il fascismo è un pericolo che resterà in eterno con noi, in qualunque Paese del mondo. E il prezzo della libertà è l'eterna vigilanza. Questo è il significato dello slogan "Ora e sempre Resistenza". Nel 2024 e nei secoli futuri.
Nel suo "Il fascismo eterno", Umberto Eco riassume da par suo ciò che comunemente in giro per il mondo si intende per "fascismo". Per il fascismo non sono obbligatori né Mussolini, né camicie nere, né l'orbace e nemmeno l'olio di ricino. Il fascismo è l'unione di tutte le seguenti cose INSIEME:

1. Un nazionalismo esasperato, condito di vittimismo e di xenofobia (è tutta colpa dei poteri forti, dell'Europa…una volta si diceva "degli Ebrei" e oggi si direbbe "dei migranti").
2. L'ammirazione per un Capo indiscusso.
3. Il sospetto (quando non il disprezzo) verso la cultura (i professoroni, il culturame….Goebbels ebbe a dire "quando sento parlare di cultura impugno la mia pistola").
4. Il disprezzo verso le minoranze e/o gli emarginati (Ebrei, Negri, Rom, migranti); da cui la paura ossessiva dell'invasione più o meno subdola da parte di estranei alla comunità nazionale (sostituzione etnica, inique sanzioni, complotto demoplutogiudaico…).
5. Il sospetto verso l'autodeterminazione della donna al di fuori dei suoi ruoli "tradizionali" di madre/angelo del focolare; tipica è l'opposizione all'aborto.

6. L'ammirazione per veri o presunti "Valori della Tradizione" (Dio, Patria e Famiglia, "la razza").
7. L'appello alla mobilitazione permanente – soprattutto di classi medie impoverite da qualche crisi economica e/o politica.
8. La diffidenza verso le istituzioni politiche esistenti (un bivacco sordo e grigio, "la Casta"...).

Una crisi, appunto, insieme a un diffuso analfabetismo di ritorno, un generale senso di frustrazione per la mancata soluzione coi sistemi democratici di tanti problemi della vita quotidiana sono il terreno ideale perché qualche cialtrone possa aspirare al titolo di "duce" di un nuovo fascismo. Ma è la moderna disponibilità dei mass media a rendere possibile la capillare propagazione del "discorso" fascista e la conseguente conquista del potere. Molti movimenti politici e religiosi condividono alcune delle condizioni elencate sopra, ma solo il fascismo fa bingo e le assomma tutte. L'esperienza insegna che una volta che il fascismo ha conquistato il potere è difficile liberarsene. Proprio la grande superficialità del "discorso" fascista e la sua consonanza col sentire comune della gente che ne ha consentito l'ascesa al potere rendono infatti quasi impossibile un'opposizione organizzata. E' un po' come con la Bomba atomica: una volta scoppiata è dura ritornare alla situazione di prima dell'esplosione. Come per la Bomba, la vera difesa dal fascismo è la prevenzione. Ecco perché Pertini giustamente disse che "il fascismo non è un'opinione: il fascismo è un crimine".

Pietro: hai notato come gli otto punti che hai segnato descrivano con minuzia e puntualità la Russia di Putin?

Mattia: forse non esasperate come nell'Italia di un secolo fa, ma molti elementi in comune ci sono, non a caso Putin è vicino alle destre sovraniste europee.

Andrea: a Putin mancano il punto 3 e il punto 8.

Roberto: tutto vero ma oggi i fascisti in Italia non ci sono. Ci sono solo i rancorosi che avendo perso potere accusano gli altri di non essere antifascisti. Oggi i veri fascisti sono quelli che impediscono il confronto. Sono quelli che strillano senza confrontarsi.

Carlo: analogie le troverete con tutti i movimenti politici a partire dagli egizi. Anche le persone intelligenti come Eco dicono scemenze.

Mario: analisi un po' qualunquista: qui sembra che TUTTO il Mondo sia da rifare politicamente parlando. In Italia si viaggia addirittura oltre il bailamme anzi descritto. Sarà da ridere quando dovremo imparare il Corano a scuola.
Gatto: hai dimenticato di dire che occorre vigilare sulla sinistra, in quanto fascismo e nazismo sono due derivati del socialismo. Basti come esempio la Corea del Nord.
Toni: in effetti il fascismo (come il nazismo) non è andato al potere mostrando la sua faccia. E' andato al potere con governi di coalizione promettendo il rispetto delle norme costituzionali, salvo fare il contrario una volta consolidatosi. Tanto che i liberali che hanno collaborato nella fase iniziale con quei regimi erano convinti di trovarsi di fronte a formazioni nazionaliste di destra, ma recuperabili al gioco parlamentare. Oltre ad Eco c'è da aggiungere Jaspers che sosteneva che ogni qual volta si mettono in discussione i diritti anche di un solo individuo a favore delle maggioranze si sa dove si comincia, ma non dove si finisce e condivideva pienamente l'idea che tendenze fasciste emergono sempre e che ci si cautela considerando irrinunciabili i diritti e combattendo chiunque, anche adducendo nobili ragioni, inizia a disconoscerli. Ogni qual volta si negano agli uomini i diritti a favore di un disegno, ogni volta che la struttura di un apparato esige la riduzione dell'uomo allo statuto di "cosa" il fascismo riemerge. Jaspers a proposito del nazismo parlava di colpo morale, colpa che ha per oggetto l'infrazione del principio della solidarietà tra gli uomini, infrazione con la quale viene messa a rischio la base di appartenenza al genere umano che poggia sul riconoscimento di se stessi nell'altro. L'elemento distintivo dei regimi totalitari non sta per lui nella ferocia e nella crudeltà, ma nell'oggettivazione dell'uomo, nella sua riduzione allo statuto della cosa. E' questo elemento che consente poi quella ferocia e quella crudeltà in vista di un fine superiore. Riemersione resa più facile nell'età della tecnica in cui la parcellizzazione delle operazioni toglie responsabilità agli uomini. Poneva quindi l'esigenza di una costante autoriflessione.
Roberto: fascismo è una ideologia, il comunismo un'altra ideologia, sono uguali, si parla di antifascismo, perché c'è una sinistra ignorante, che vuole sempre essere la prima donna, anche quando viene ignorata, la prostituta è a confronto una signora.

Andrea: no. Il Comunismo è un'ideologia, il Liberalismo è un'ideologia, il Fascismo è un crimine (Sandro Pertini). Togli il gulag al Comunismo e rimangono l'istruzione e la sanità pubblica gratuite per tutti. Togli i lager al fascismo e rimangono qualche parata e l'orbace.
Carlo: a parte che eventualmente il fascismo sarebbe morto nel 1945 e NON nel 1946, sono d'accordo sul concetto che quello che Eco chiama l'Ur- fascismo purtroppo non muore. Sempre per la precisione, "sorda e grigia" è l'aula (di Montecitorio) e non il "bivacco" (dei duceschi manipoli). Quanto alla cultura e alla pistola (riporta il "dizionario delle citazioni scorrette") la frase giusta è questa:" Quando sento la parola cultura, tolgo la sicura alla mia Browning". Nonostante la vulgata, che l'attribuisce a Gobbels o (in misura minore) a Goring, chi ne fece uno slogan fu Baldur von Schirach, capo della Hitler- Jugend, poi Gauletter di Vienna, condannato a 20 anni di carcere nel processo di Norimberga, che l'aveva presa da un dramma del commediografo nazista Hans Johst, intitolato Schlageter, rappresentato per la prima volta nell'aprile del 1933. Peraltro sembra che i due gerarchi nominati all'inizio, però, quelle parole le abbiano ripetute più volte. Nel ribadire, comunque, che nella sostanza è da sottoscrivere pienamente ciò che hai scritto, ti rivolgo (del tutto amichevolmente) una domanda che già contiene la risposta: perché ti imbarchi in un contraddittorio con un mentecatto (anzi, un…mente-gatto magico) che oltre a non avere le palle per mettere il proprio nome non ha neppure una vaga idea di come confutare un'argomentazione? Un vecchio proverbio diceva dell'inutilità di lavare la testa agli asini.
Giuseppe: trovo la definizione di Eco anacronistica in alcuni punti: quello che chiamo "fascismo delle caverne". Personalmente non ho dubbi che il fascismo non se ne sia mai andato: semplicemente, nel 45 ha barattato la camicia nera con il fazzoletto rosso.
Erica: non mi sembra che Togliatti fosse stato fascista o che Almirante diventasse comunista.
Ayeye: solo dei poveri di intelligenza vedono il fascismo ovunque. Scendi dal pero che il fascismo non esiste più. E' morto e sepolto. Solo voi lo riesumate perché siete a corto di argomenti. Valà.
Andrea: se lo dici tu, siamo tutti più tranquilli.

Martino: svegliatevi! Il premierato proposto da Giorgia Meloni è puro fascismo. Nordio che legifera per aiutare i criminali è fascismo. Crosetto che difende i corrotti è fascismo: tutta questa gentaglia sta demolendo la Costituzione attuando il piano di rinascita "democrazia di Licio Gelli, è pura eversione.
Fernando: ogni forma di fascismo è da aberrare come il fascismo di sinistra che nell'ultimo ventennio si è rafforzato.
Erica: quale fascismo di sinistra? Le hai lette le caratteristiche perché nessun partito o movimento di sinistra le sostiene, tranne Fusaro.
Maria: lectio magistralis.
Gatto: scemenzes galattiches!
Mario: in realtà parlare di fascismo oggi è un tema attuale anche se non ci sono squadristi come 80 – 100 anni fa. Per fortuna la nostra Costituzione non gli permette di applicare metodi che infrangono le leggi dello Stato.
Andrea: non a caso c'è chi la vuole cambiare.
Maria: il fascismo è un mostro che sonnecchia. Dentro gli animi di molti. Si sveglia, di tanto in tanto. E rotea, nei cieli come un Condor affamato. In cerca di vittime.

TREDICESIMO CAPITOLO
Chi è il fascista oggi?

Fratelli d'Italia, derivato da una scissione del Popolo della Libertà, si presenta come il prosecutore ideale della tradizione politica di Alleanza Nazionale, partito di destra post-fascista, evoluzione del Movimento Sociale Italiano, partito di ispirazione neofascista fondato da ex-membri del disciolto PNF (1921-1943). Ma davvero oggi i suoi parlamentari, la sua leader e attuale presidente del Consiglio dei Ministri, Giorgia Meloni, i suoi iscritti, simpatizzanti e votanti di Fratelli d'Italia, possono essere definiti i fascisti di oggi o i precursori del vecchio fascismo? O vengono tacciati come tali, pur non essendolo, soltanto per pura propaganda politica denigratoria della sinistra?

Stefano: diciamo che concettualmente è un partito fascista, ma assolutamente democratico.

Sergio: per adesso si, bisogna vedere il seguito. Anche Mussolini fino al 1924 era apparentemente democratico, poi dopo l'omicidio di Matteotti ci fu la svolta. Staremo a vedere, certo i tempi sono cambiati e fare una dittatura oggi lo ritengo impossibile.

Giovanni: il fascismo fu creato e realizzato da Mussolini e si è estinto con la sua morte. L'ideologia si basava sul culto della Roma imperiale, di cui vagheggiava il ritorno e ovviamente il ripristino del glorioso impero: ovvio che razzismo, imperialismo e nazionalismo esasperato erano conseguenti. Il termine "fascismo", del resto, viene dal fascio littorio. Dunque, chiedete a Schlein e a quanti condividono il suo livello intellettuale di scovare gli entusiasti della Roma imperiale e scoprirete così chi sono e dove sono i fascisti. Per chi non avesse capito, l'uso della parola "fascismo" per indicare le tante odiose aberrazioni attualmente in atto (vedi Israele e il genocidio dei palestinesi), dimostra solo scarsa cultura, scarsa intelligenza e ignoranza del vocabolario.

Mauro: ma perché oggi se una persona crede nei valori di correttezza, giustizia, ordine, rispetto, dovere, deve essere considerato fascista? Io non sono fascista, ma credo nei valori summenzionati con tutto quello che ne consegue. E non sono assolutamente di sinistra.

Marco: in realtà i fascisti come correttezza, giustizia e rispetto lasciavano molto a desiderare e quanto ad ordine e dovere era ordine e dovere a modo loro, per cui le tue, Mauro, erano semmai le caratteristiche del vero antifascista come, per esempio, i partigiani non comunisti, tra cui c'era mio padre e un suo cugino (che guarda caso i fascisti fucilarono).
Germano: oggi dichiararsi antifascisti e cantare Bella ciao equivale a prendere una "patente" gentilmente concessa dai radical chic di sinistra che, personalmente non riesco a digerire!
Fabio: ce ne sono di due tipi:

1. i casi umani che hanno visto un paio di documentari sul nazifascismo vero (quello defunto nel 1945) e che sfogano la loro frustrazione giocando a fare i duri della società.
2. la sinistra istituzionale ed in doppio petto, che per ottenere e mantenere il potere politico accusa di fascismo chiunque osi contestare le sue politiche.

Risulta evidente che i primi sono degli sfigati funzionali ai secondi, che invece sono odiosi e pericolosi.
Evaristo: il fascista moderno è il covidiota medio che vuole una tessera per lavorare e per muoversi, che crede ciecamente ai cinegiornali luce (TG), che invoca le manganellate per chi si oppone al regime sanitario, che accetta governi di "esperti" che ci devono "salvare".

Enrico: i fascisti di oggi sono la caricatura comica di quelli di ieri, farebbero ridere anche le camice nere. Ma non vanno sottovalutati, a volte anche questi fanno male.
Luigi: l'Italia di oggi è molto diversa da quella di cento anni fa, però, ci sono alcuni elementi che potrebbero suggerire analogie e quindi far immaginare sviluppi simili:

1. Oggi come allora, l'Italia è un Paese sfiduciato, deluso, in cui serpeggia la sensazione di essere stati defraudati: allora erano gli esiti della Prima Guerra Mondiale, oggi è l'Euro con i suoi (presunti) disastri economici.
2. Oggi come allora, abbiamo una classe politica autoreferenziale, incapace o forse non sufficientemente motivata a capire gli umori del Paese, in cui i partiti non

rappresentano un autentico sentire, ma sono consorterie che si raccolgono intorno a un ristretto gruppo di notabili.

3. Oggi come allora, milioni di cittadini sono disinteressati e impreparati ad affrontare la complessità dei problemi, e cercano risposte chiare, semplici e definitive.
4. Oggi come allora, chi viene additato come colpevole di tutta questa situazione sono i banchieri, la finanza internazionale e presunte "razze inferiori che ci stanno per sopraffare".

Per questo, in mancanza di leader politici che riescano a coniugare carisma con capacità di affrontare la realtà di un mondo in rapido mutamento e sempre più avaro di certezze, preferiscono affidarsi ai venditori di fumo, oggi come allora.
Non è detto, anzi è improbabile che le cose si ripetano allo stesso modo, e il vero pericolo non sono i pittoreschi quanto improbabili nostalgici del Duce; ma il rischio che in nome di emergenze montate ad arte, finiamo per rinunciare a decenni di conquiste civili, rifugiandoci in uno Stato chiuso e illiberale, esiste.

Dino: il fascista (neo), oggi, o chi prova ad esserlo, è chi difende il fascismo di ieri. E naturalmente ingiuria l'antifascismo di ieri e quello di oggi. Il fascismo è come un virus con le varianti. Invariante è la sua natura reazionaria e autoritaria.
Agostino: nessuno potrà dare del fascista a chi è nato nel dopoguerra.
Pippo: chiunque dia del fascista a chi non la pensa come lui e pur essendo minoranza pretende di imporre le sue idee agli altri, costui è il vero fascista.
Alberto: al giorno d'oggi molte persone chiamano "fascisti" tutti quelli che non sono d'accordo con loro e usano questo come scusa per zittirli, insultarli e trattarli senza rispetto.
Andrea: non vedo all'orizzonte nessun pericolo fascista (al contrario di certa sx), né alcun pericolo comunista (come sostiene certa dx). Il vero pericolo è questo rapace sistema neoliberista che sta distruggendo il pianeta. Ma dx e sx, che lo hanno accettato e ci si riconoscono ormai totalmente, si danno rispettivamente del "comunista" e del "fascista" nel sempre più vano tentativo di distinguersi l'una dall'altra.

Mattia: i fascisti non esistono più. C'è chi accarezza ancora l'idea del fascismo, e checchè se ne dica, tra questi c'è pure qualcuno che l'ha vissuto. In Italia il fascismo non esiste più. Tanto più che tre quarti di quelli che vedono fascismo dappertutto, non hanno neppure idea di cosa sia veramente il fascismo. Se sapessero davvero cosa è stato il fascismo, non vedrebbero fascisti dappertutto. D'altronde, se sapessero davvero cosa è stato il comunismo laddove ha regnato, ci penserebbero due volte prima di alzare il pugno chiuso.

Marco: no, non sono fascista, quantomeno perché il fascismo è cosa passata. Sarebbe come dichiararsi populares, guelfo, montagnardo o giacobita. Essere fascista oggi cosa significa, se non impersonare il male a che i "buoni e giusti" possano dichiararsi ANTI-fascisti pretendendo in quel modo di avvalorare le loro scalcagnate tesi? E' solo indossare la pelle del lupo ed aggirarsi nel gregge così che, spaventato, ubbidisca ai cani ed al pastore che lo menano alla tosa o al macello. E' prestarsi all'argumentum ad Hitlerum, fallace sofisma che i moderni demagoghi sprecano per separare i buoni dai cattivi, i degni dagli indegni, chi può lecitamente concorrere nel gioco democratico e chi no. Ecco perché non sono fascista, mentre sono visceralmente anti-anti-fascista, perché se il fascismo è un fantasma, l'ossessione di superiorità, la convinzione di "essere i migliori" e come tali destinati al potere è pericolosamente viva in chi pretende di ergersi a guardia contro di esso. Allo stesso modo e per le stesse identiche motivazioni, sono conservatore e contrasto con ogni mia forza il relativismo morale e politico promulgato da chi insegue le distopie globaliste e le ideologie gender, così come il finto ecologismo ed umanitarismo, in specie quando asservito a sostenere un'idea di società globale dominata da pochi "tecnici e banchieri", competenti, però! Sono democratico e sempre sosterrò l'idea di democrazia contro ogni tentazione oligarchica, a differenza di chi si fa chiamare tale e poi vuole superarla, perché "il popolo è ignorante". Vuoi chiamarmi fascista? Accomodati pure.

Aldo: il fascismo era Benito Mussolini e con la sua morte non può essere ricostruito perché manca la materia prima.

Dante: il fascista di oggi è lo stesso di ieri. Quello che disprezza la democrazia, che non ama il confronto di idee con gli avversari politici ma preferisce malmenarli, censurarli e insultarli.

Quello che odia il 25 aprile e "Bella ciao", quello che vorrebbe che ogni italiano fosse un soldato irreggimentato, quello che frequenta casa Pound e riempie casa sua di labari e fasci di combattimento,

nonché di ritratti di fascisti famosi.
Massimiliano: i veri fascisti (e relativi antagonisti) sono tutti morti o molto anziani. Una minoranza in via di estinzione. Tutti gli altri sono scimmiottatori che parlano per sentito dire, non avendo mai vissuto quel periodo storico.

QUATTORDICESIMO CAPITOLO
Perché dal PD si pretende che la Meloni si dichiari antifascista, ma nessuno del PD si dichiara anticomunista?

Da quando il centro-destra, eletto democraticamente dal popolo, governa l'Italia con a capo la premier Giorgia Meloni, leader del partito di destra "Fratelli d'Italia", il PD e i partiti di sinistra invocano da più parti e in maniera forsennata che lei proclami il suo essere antifascista. In più circostanze e pubblicamente pur non pronunciando la parola "antifascista", ha liberamente espresso il suo pensiero non del tutto positivo su quello che è stato il "ventennio fascista", condannando senza se e senza ma l'omicidio dell'onorevole Giacomo Matteotti ad opera di squadracce fasciste, che è stato commemorato qualche giorno fa. Pur tuttavia, benché lei e il suo governo abbiano governato finora democraticamente senza lasciar trasparire una deriva autoritaria, la sinistra in generale o parte di essa non perde occasione di additare lei e il suo governo come fascisti. Bontà loro!! Evidentemente costoro non hanno ben capito che cosa è stato il ventennio fascista, ma del resto non avendolo vissuto in prima persona (politicanti di primo pelo, sardine, centri sociali, ecc.) sparano a zero su chi non la pensa come loro!! Eppure basterebbe stare coi piedi per terra per capire che al momento non esiste nessuna deriva autoritaria e tantomeno fascista. Il fascismo è ben altra cosa. Il fascismo non è né la Meloni, né il suo governo, che tra l'altro è composto da partiti dichiaratamente "antifascisti".

Melissa: dichiararsi Antifascista non è una richiesta del PD. La stessa nascita della Repubblica Italiana è dovuta alla lotta al fascismo. Alla liberazione dell'Italia dalla dittatura nazifascista hanno partecipato tutti: cattolici, comunisti, laici eccetera. Comunisti erano i contadini morti nel chiedere la libertà di lavorare. Non si può far paragoni tra fascismo e comunismo. Ci sono stati anche regimi comunisti diventati totalitari e dittatoriali.

Dichiararsi anticomunista in Italia non ha assolutamente senso visto che il Partito Comunista italiano, PCI, ha sempre cercato di sganciarsi dal predominio capeggiato dall'Unione Sovietica. Persino Antonio Gramsci, uno dei fondatori e segretario del Partito Comunista d'Italia dal 1924, dalla clinica dove morì, consapevole di quello che stava succedendo in Unione Sovietica circa la degenerazione, l'alterazione degli ideali marxisti dai quali è nato il Comunismo, mandò, scrisse una lettera a sua cognata Tatiana moglie di suo fratello Carlo, mettendola in guardia proprio sul fatto che in Unione Sovietica il Comunismo ha subito alterazione degenerando in regime totalitario e dittatoriale.

Anna Maria: perché la ricostituzione del partito fascista secondo la nostra costituzione e la nostra legge è reato. Quindi se non ti dichiari antifascista vuol dire che lo sei. Non c'è al contrario, nessuna legge contro chi si riconosce nell'ideologia comunista. Comunque se qualcuno riesce a trovare un comunista nel PD è bravo.

Domenico: su questa cosa del fascismo e del comunismo ci sono tante idee sbagliate, ne elenco alcune:

1. Se parliamo di comunismo dobbiamo riferirci ai comunisti italiani che sono stati il gruppo più attivo nella resistenza contro i nazisti, hanno partecipato attivamente alla costruzione della Repubblica e della sua Costituzione, non hanno mai tentato colpi di Stato, a differenza dei Fascisti, hanno emarginato gruppi eversivi come le Brigate rosse e, in Europa, hanno difeso sempre una linea di indirizzo verso un socialismo nella libertà, contro altri Partiti comunisti e gli stessi sovietici.
2. Il Fascismo è nato come argine contro la possibile espansione della Rivoluzione d'Ottobre della Russia ma, come regime, non si è incamminato sulla strada del Capitalismo, come gli altri Paesi occidentali ma ha praticato una politica con forti caratteri socialisti, soprattutto per quanto riguarda l'intervento dello Stato nell'economia, con la fondazione dell'IRI, gli interventi diretti a salvare o statalizzare industrie in difficoltà, il mantenimento del controllo sulle industrie strategiche, il progetto di realizzare l'indipendenza energetica dell'Italia per mezzo di un'Agenzia statale, l'Agip, che avrebbe dovuto sfruttare il petrolio della Libia. Però tutto saltò con l'entrata in guerra. Quindi l'attuale governo è un compromesso tra una forza che probabilmente vorrebbe ricalcare questo tipo di politica, FDI, e altri due adagiati nella culla del neocapitalismo e della politica ad esclusivo vantaggio della minoranza imprenditoriale e finanziaria, con tutela delle Partite IVA e con un po' di fumo negli occhi alle classi subalterne, operaia e impiegatizia, che il sistema vigente sta portando alla miseria. Ma senza un compromesso

tra i tre partiti il Governo cade, quindi si procede, da una parte e dall'altra, inghiottendo rospi. Le cose sono molto più complesse di quanto possa sembrare.

Mario: il fascismo è incostituzionale e quindi un presidente del consiglio non può essere fascista, quindi deve essere antifascista. Il comunismo non è anticostituzionale quindi un membro del governo, o delle istituzioni può esserlo e quindi non necessità che dichiari il suo anticomunismo.

Nushin: semplice no. Perché la Meloni non è una scimmietta che prende ordini facendo il giochetto del " di la parola ANTIFASCISTA ". Così diventa un trend e se riescono " A FARLO DIRE AL PRESIDENTE E ALLA DESTRA" questa parola SPECIFICA...loro possono strumentalizzare sempre di più.

Pietro: semplice, perché i Sinistri non ne azzeccano mai una, neanche a pagarli. Infatti la Meloni, primo ministro, ha giurato di servire la Repubblica la cui costituzione è antifascista, mentre loro, i sinistri erano, sono e restano dei biechi, ottusi e pericolosissimi comunisti.

Giuseppe: io rimpiango i bei vecchi tempi del pentapartito (PSI – PRI – DC –PLI – PSDI) quando non gliene fregava un casso di essere antifascisti o anticomunisti, e il problema non veniva posto. Adesso sotto lo stemma del PD sarebbe scritto costituzionalmente antifascisti (perché va di moda).

Will: quella della Meloni che non si dichiarerebbe antifascista è una vile menzogna messa in giro da chi vuole specularci sopra per fini meramente politici: secondo te, un presidente del consiglio dei ministri che giura sulla Costituzione non si è già dichiarato implicitamente antifascista o quantomeno non – fascista? Suvvia, accendiamo il cervello e vedrete che tutto appare più chiaro.

Alex: perché non è antifascista.

Alberto: perché non piace alla sinistra.

MA PERCHE' NON DOVREMMO CREDERE CHE GIORGIA MELONI SIA FASCISTA?

Toni: la signora non arriva a tanto. E' un politico di piccolo cabotaggio ed è più furba che santa. Ha capito benissimo che c'è un 30% di italiani e forse più che del fascismo non vuol sentir parlare e lei li accontenta. L'importante sono i voti. Altro che liberale. Benedetto Croce aveva un'idea ben chiara del fascismo e non aveva problemi ad esternarla.
Ciccio: esiste una prova abbastanza chiara risalente a molti anni fa. Sta ad ognuno decidere se la Meloni nel frattempo sia cambiata o se "chi nasce tondo non muore quadro".
Filippo: perché 21 anni fa disse in un video che Mussolini era un buon politico. Chiunque pensi una simile aberrazione, è fascista.
Vincenzo: perché il suo partito ha una posizione conservatrice e nazionalista e alcuni dei suoi leader e membri hanno espresso simpatie per alcune idee e simboli legati al fascismo. Perché alcune dichiarazioni della Meloni e altri deputati del suo partito, riguardo all'immigrazione e alla sicurezza, hanno suscitato critiche perché ritenute xenofobe e razziste. Pur tuttavia va ricordato, anzi va evidenziato, che il partito non si "autodefinisce" fascista, e che queste affermazioni sono state probabilmente fatte da critici e osservatori esterni.

Perché ad oggi molte persone di destra dicono che "il fascismo non esiste" se la Meloni addirittura si rifiuta di togliere la fiamma tricolore dal proprio simbolo, volendo quindi mantenere diretto e vivo il collegamento a Mussolini?

Marco: semplice, perché mantenere il collegamento diretto al M.S.I. (la fiamma non fu mai simbolo del fascismo) è un modo per rivendicare orgogliosamente le proprie origini, al contrario di quanto hanno fatto e continuano a fare i milioni di italiani che cambiano posizione come banderuole per il proprio tornaconto.

Rivendica ORGOGLIOSAMENTE la provenienza dal gruppo di ex fascisti, sconfitti, che accettarono la sconfitta volendo però onestamente ed orgogliosamente testimoniare quelle idee che furono ANCHE del fascismo e da loro ritenute ancora attuali, in un mondo completamente post fascista, in cui il fascismo, come regime e come ideologia nel suo insieme non ha certamente più nessuno spazio e motivo di essere, mondo che si è dimenticato o vuole superare anche gli ideali PRE fascisti ed eterni di Dio, Patria e Famiglia, che furono già di Mazzini e di molti altri prima di lui.

Alessandro: la fiamma tricolore non c'entra assolutamente nulla con il fascismo, che per simbolo aveva il fascio littorio. Come il nazismo la svastica ed il comunismo la falce ed il martello. La Germania ha proibito l'uso della svastica. Molti paesi dell'est oppressi la falce ed il martello. Entrambi simboli di orrore, distruzione, povertà e morte. Di fatto anche l'Italia il fascio littorio, visto che la Costituzione Italiana e la legge Scelba proibiscono la ricostituzione del partito fascista, ovviamente compresi i suoi immondi simboli. Ma la fiamma tricolore è nata dopo, il fascismo è morto e sepolto dal 1943, vivaddio, e non si vede nessuna ragione per cui FdI debba rinunciare al proprio simbolo.

Piero: abbiamo un Governo consolidato di centro-destra, molti lo chiamano di destra e alcuni di estrema destra. Si è mai sentito parlare di qualcuno che è stato preso a bastonate? Risulta che qualcuno sia stato purgato con olio di ricino? NO! Questo vuol dire che il fascismo non esiste più, almeno per quanto riguarda la linea politica dell'attuale Governo, e di tutte le persone che lo hanno votato. Poi, se vogliamo considerare che ancora oggi, a distanza di un secolo esatto dal regime fascista, ci siano degli scalmanati che hanno nostalgia del ventennio, come altri che sognano i regimi comunisti, è un altro discorso... Ci sono anche malati che fanno stragi appellandosi ad Allah akbar. Ma è così, il mondo è bello perché è avariato.

QUINDICESIMO CAPITOLO
LE IDEE

Il Comunismo e il Fascismo sono due IDEE, una nobilissima l'altra bacata, sostiene Claudio, un ex militare in congedo assoluto per limiti di età (opinione prettamente personale). Poiché, come disse quel fior di galantuomo che era Giovanni Falcone "Gli uomini passano, le idee restano, e sono portate avanti da altri Uomini". E' sbagliato pensare che non esistano più.
Quindi dire, ad esempio che "Il Fascismo non esiste più" è concettualmente sbagliato, perché prima o poi qualcuno verrà e riprenderà questa idea.
Analoghe considerazioni possono essere fatte per il Comunismo.
Caso mai, poiché tutto evolve nel tempo e nulla rimane immobile per sempre, nemmeno la pietra, quelle idee matureranno in parte, evolveranno in un senso o nell'altro, ma la struttura fondamentale sarà quella. Quindi dire che "bisogna vigilare contro il ritorno del Fascismo" non è una scemenza!
Certo non bisogna "vederlo in tutti i buchi" e meno che mai utilizzarlo come una etichetta per colpire l'avversario politico che invece fascista non è.
Ma vigilare che non riprenda piede questo è sacrosanto.

SEDICESIMO CAPITOLO
Perché i giovani sono di sinistra e diventano di destra mentre invecchiano?

C'è un famoso motto che dice all'incirca **"Chi non è di sinistra da giovane è senza cuore, ma chi non è di destra da vecchio è senza cervello"** solitamente attribuita (ma non con certezza) a Winston Churchill.
Ognuno ha il diritto di cambiare idea, e l'avanzare degli anni è un formidabile facilitatore di cambiamento, di solito in senso conservatore perché ci si irrigidisce e si perde brillantezza ed elasticità mentale.
Nel caso in questione si tratta spesso di un modo ipocrita per autogiustificare l'abbandono dei propri principi e ideali.
Oppure di demenza senile.
Fabio: il già citato proverbio "Chi non è di sinistra da giovane è senza cuore e chi non è di destra da vecchio è senza cervello" credo che vada approfondito un bel po' sia perché e molto indicativo della società, sia perché le risposte "Kommunisti Kontro Deztra" si leggeranno in un'altra ottica.
Pronti? Partiamo!
Per SINISTRA si intende l'orientamento politico PROGRESSISTA mentre per DESTRA l'orientamento politico CONSERVATORE. Più avanti vedremo come la cosa sia ancora vera ma cambiata molto...radicalmente.
Uno specchietto delle battaglie portate avanti dai progressisti e dai conservatori:
SINISTRA:
- Istruzione pubblica per tutti
- Sanità pubblica per tutti
- Diritti dei lavoratori (ferie obbligatorie pagate, malattia pagata, ore settimanali, straordinari pagati, limite agli straordinari)
- Diritto all'aborto
- Diritto al divorzio
- Diritto al voto per tutti
- No discriminazioni sociali
- No discriminazioni per sesso
- No discriminazioni per etnia
- No discriminazioni per orientamento sessuale

- No lavoro minorile
- Ecologia
- Politiche sociali

DESTRA

- Appoggio alla monarchia
- Appoggio alle dittature
- Appoggio ai ricchi e alle élite dei padroni
- Mantenimento dello stato attuale delle cose
- Ordine senza proteste

Questa è storia e non la si può cambiare. Per brevità, si possono consultare queste due pagine riassuntive si Wikipedia che illustrano i partiti italiani a fine '800 come riferimento per gli approcci di Destra e Sinistra nel mondo.

Va da se che una popolazione che può votare è necessariamente di SINISTRA.

Solo un cretino totale potrebbe votare per uno che vuole far lavorare suo figlio di 8 anni in fabbrica o per il feudatario che pretende lo Ius primae noctis.

Non è un caso che la destra fa l'interesse di chi è già al potere (che sono pochi) mentre la sinistra di chi non è al potere (che sono tantissimi).

Rivolte e minacce di rivolte (la Rivoluzione Francese per esempio) hanno ottenuto sempre maggiori diritti per l'uomo comune e sempre più rappresentanza, fino a diventare molto influenti nelle politiche nazionali.

Anche nel campo della filosofia (e quindi dell'approccio economico) si sono viste idee che mettevano l'uomo comune al centro di tutto, l'idea nuova di comunità sociale e di socialismo soprattutto grazie a Marx che punta tutto sulla "giustizia sociale", vale a dire il garantire ad ogni individuo benessere e felicità.

Idee che è impossibile ma che si prefiggono di dare appunto la felicità a tutti, non solo a chi ha i soldi e vanno a contrapporsi allo status quo dove il proprietario della fabbrica ti obbliga a turni massacranti di 14 ore. Siamo nei primi anni del 1900 e vi assicuro che casi come Crespi D'ADDA erano davvero rari.

Non è un caso che in Europa il potere è stato preso partendo da sinistra e instaurando una dittatura di destra: è il caso sia del Nazismo (che parte dando lavoro a tutti, letteralmente obbligando le persone a lavorare…oggi diremmo "deportare") e che Mussolini provò prima a schierarsi coi socialisti a sinistra, facendo un flop clamoroso e quindi si spostò a destra.
La Seconda Guerra mondiale ha visto vincere politicamente Stati Uniti D'America ma anche la Russia: il tributo di sangue della Russia per la vittoria è stato infinitamente superiore a quello americano e gli europei lo sapevano.
E gli Americani sapevano anche che il modello di sviluppo Russo era totalmente differente dal loro ed otteneva, economicamente, risultati molto migliori a discapito delle élite che già avevano ricchezza e potere.
Si, simil-Comunismo e simil-Socialismo funzionano ed hanno funzionato meglio per fare economia del Capitalismo: è un dato di fatto, quello che ha ottenuto la Cina in 50 anni è stato raggiungere e a breve superare l'economia capitalista lunga 220 anni.
Quindi la destra si è riorganizzata perché rischiava seriamente di perdere il potere e ci è riuscita.
Quindi la destra si è ritagliata un nuovo spazio politico prendendo alcune delle caratteristiche della visione progressista e ribaltandole contro le persone comuni:

- **Tasse:** le tasse servono a provvedere a beni e servizi primari (acqua, giustizia, educazione, strade, sanità…). La destra ti dice che se sei bravo ed hai soldi, puoi avere il meglio di tutto questo e che la sinistra ti toglie i tuoi soldi faticosamente sudati per darli ai nullafacenti. Invece le tasse servono per contribuire a fare infrastrutture e garantire benessere e diritti ai cittadini. Lo Stato ti fa trovare la ferrovia, l'autobus, la superstrada e l'ospedale che i tuoi dipendenti utilizzeranno per effettuare il tuo lavoro e per stare bene. Tu devi ripagare contribuendo al mantenimento di queste infrastrutture che stai utilizzando.
- **Assistenzialismo:** garantire benessere a tutti non significa pagare gente per non fare nulla, ma fare in modo che nessuno sia povero. La destra, che aspira a vivere di rendita sulla posizione acquisita, dice che quindi l'assistenzialismo è consentire alle persone di essere sfaticate e non fare nulla (vedi alla voce Reddito di Cittadinanza,

come se l'aspirazione di tutti sia essere nullatenente e sopravvivere con 500 euro al mese e 280 per l'affitto).

- **Globalismo sovranista:** la sinistra è stata no-global mentre l'economia capitalistica mondiale spingeva al globalismo. La destra ha spinto forte sul globalismo per il commercio ed ha punito i no-global (mai dimenticare cosa è accaduto in Italia Cos'è successo nella scuola Diaz). **Poi ci si è accorti che le politiche global accentuavano i migranti economici,** quindi si è fatto la guerra ai migranti, senza demolire le cause per le quali esistono i flussi migratori.
- **Ordine e disciplina:** le proteste prolungate hanno sempre portato a concessioni, per cui si sono demonizzate le proteste non pacifiche (giusto) ma spingendo sul fatto che qualsiasi sia il motivo, la violenza non è tollerabile…peccato che se non ci fossero stati manifestanti a violare le regole, non avrebbero per esempio mai arrestato i carnefici di George Floyd.
- **Unità:** mentre a sinistra si spacca anche il capello, a destra chiunque voti sembra andare d'accordo con gli altri di destra. Perché banalmente si stanno dividendo il potere, non si fanno portatori di idee diverse tra di loro. Ma l'idea è che la sinistra da sempre litigiosa (perché trovare gli equilibri e non fare torto a nessuno è difficile) mentre la destra che non ha di questi problemi è unita molto più facilmente.
- **Meritocrazia:** la destra ha cambiato il concetto di meritocrazia, facendola diventare un'equazione: soldi – merito. Sappiamo sia da studi scientifici che da esperienza personale che non è così. Il figlio di un multimiliardario nasce fortunato, non ha nessun merito per i soldi del padre. Sappiamo che nelle aziende non sempre il merito viene premiato, anzi, c'è il fantastico cortocircuito del principio di Peter. **Sappiamo anche che, senza lotte sindacali (tutte di sinistra) e solo con neo liberismo, si finisce come in America, dove avere 2 settimane di ferie retribuite è un benefit aziendale, dove avere diritto alla sanità (quindi un'assicurazione sanitaria) è un benefit aziendale e così via, cioè concessioni del padrone!**
  La destra ha creato un mondo super utilitaristico, gli americani scrivono quintalate di blog su come fare amicizia a lavoro torni utile per fare carriera.

E' una cosa risaputa ma si sta pian piano erodendo il pubblico disgusto per i lecchini e si esalta l'utilitarismo materiale (=fare soldi con le amicizie) **a quello spirituale** (=stare bene con le amicizie, avere persone attorno con cui ti va di parlare, stare gomito a gomito con qualcuno di cui ti fidi) perché la visione capitalistica-utilitaristica è così, tutto orientato al PIL personale puro.

Quindi arriviamo al gran finale:

da giovane fai il tuo interesse politico e sei contro le diseguaglianze. Poi ti abitui a queste diseguaglianze, ti fai la tua vita e pensi che beh, se ce l'hai fatta tu, ce la possono fare tutti se si impegnano abbastanza.

Il lettore critico si sarà accorto dei controsensi che tutto ciò genera. Controsensi come questo: **"Un imprenditore di Marina di Pietrasanta così scriveva in un gruppo Facebook: Se a qualcuno, questa estate, nel caso mai riaprissimo verrà in mente di venirla a menare con domande alla carlona del tipo "quanto si lavora? Quanto mi dai? Quando è il giorno libero?, vi dico con il massimo garbo possibile: non vi presentate. Non c'è bisogno di persone come voi. Siamo in emergenza e come tale deve essere gestita ed elaborata. Se pensate di avere o pretendere come non fosse successo nulla, datevi all'ippica".**

Dimostrazione plastica dove il padrone imprenditore crede di essere più importante dei suoi dipendenti e che dà per scontato che questi siano incompetenti, fannulloni, sfaticati e avidi. Il lavoro va pagato, è grazie a quel lavoro che io posso andare in vacanza nell'hotel di questo signore. Ho il diritto (da sinistra) di farmi le ferie, perciò posso andare all'Hotel di questo signore. Diritti che gli danno fastidio quando a doverli garantire è lui.

Nel mondo reale nessuna delle due visioni può stare da sola: fai governare il mondo da gente così e tornerai al 1800 dove chi ha i soldi comanda sugli schiavi. Fai governare agli opposti e ci sarà molto meno iniziativa individuale perché ci sarà meno necessità di emergere da condizioni di vita schifose.

E il punto rimane questo:

ci siamo abituati al Warren Buffet che ha 44 miliardi di dollari e che sarebbe ricco anche con 1 miliardo di dollari. Warren Buffet potrebbe sconfiggere la fame nel mondo per 4 anni di fila da solo ma non lo fa. La sua libertà di guadagnare quelli che sono oggettivamente troppi soldi vale la fame che fanno le persone in tutto il mondo?

Ci siamo abituati ai super ricchi che ci tirano fuori dai guai facendo le donazioni per i vaccini. Ma non sarebbe più giusto che gli Stati concordassero sulla necessità dei vaccini e impiegassero risorse comuni almeno per la ricerca?
(Non parliamo poi dell'Italia: la sinistra vera è veramente poco rappresentata in parlamento, il PD è quasi un partito di destra moderata e a destra i volti sono sempre gli stessi da 25 anni a questa parte, hanno governato o appoggiato il governo quasi sempre e fanno la parte dell'opposizione. Motivo per il quale si additano gli avversari come "Komunizsti!!!" perché altrimenti vincerebbero a mani basse le elezioni, vedi il 42% di Renzi quando era alleato pubblicamente con la destra e infatti le politiche del PD coincidevano con quelle di Forza Italia).
Per **Mauro** con l'età capisci che a sinistra ti prendono per il culo a tutti i livelli, compresi i sindacati che sono considerati come i politici. Pensate un po' dice anche Mauro se ad abolire e a mandare in pensione i lavoratori a 67 anni, fosse stata la destra! Il resto, mancia!
Per **Giovanni** di regola i giovani sono più estremisti tanto che stiano a destra che stiano a sinistra. Poi la vita, il lavoro, i compromessi, la scoperta di come funziona il mondo reale porta spesso a moderarsi. Se poi invecchiando hai raggiunto una certa stabilità diventi conservatore perché non vuoi perdere ciò che hai conquistato. Ma questo accadeva una volta. Oggi invece gli italiani cambiano partito una volta a settimana. Per cui conclude Giovanni di fare fatica a vederci un'evoluzione del pensiero.
Fabio: conosco decine di ex ragazzi che divenuti uomini sono passati dalla sinistra alla destra. Perché? Perché quando cominci a lavorare e a pagare le tasse smetti di pensare al macaco vedovo dell'Amazzonia e cominciano a girarti le scatole contro uno stato che succhia senza restituire.
Marco: si è vero. Secondo me perché si parte con i sogni, poi si vivono le incoerenze ed infine si accetta la cruda realtà.
Spaventa: da giovane ero condizionato dalla scuola, che se non eri di sinistra ti emarginava. E dai compagni, che erano tutti nella mia stessa situazione. Poi, sono cresciuto e ho capito che la realtà era un'altra cosa.

Melissa: la mia non è una scelta. Fa parte di ciò che sono, di ciò che mi hanno insegnato. Non mi sento per niente rappresentata dalla sinistra d'oggi, è sinistra solo in apparenza ma nella sostanza no. Essere veramente di sinistra significa essere per la solidarietà, la giustizia, l'uguaglianza sociale, l'inclusione, l'egualitarismo e per quanto riguarda me nello specifico, significa sostenere la libertà in ogni sua forma, significa sostenere, incoraggiare l'amore in ogni sua forma e significa pretendere il rispetto perché tu per prima lo dai.
Anonimo: allora prima di tutto si dovrebbe definire se per giovani si intendono **adolescenti** (14-18 anni), **universitari** (19-25 anni) o persino tutti coloro **sotto i 30 anni.**
Espongo il mio pensiero in base a quella che è la mia esperienza personale: **ho 22 anni e studio all'università,** e la gran parte delle persone con cui parlo è **compresa tra i 20 ed i 26 anni.**
La **schiacciante maggioranza** delle persone:

1. Non si interessa di politica
2. Non segue le associazioni politiche studentesche (UDU, Azione Universitaria, ecc....)
3. Non è iscritta ad una sezione giovanile di un partito (Giovani Padani, Democratici,...). Su Wikipedia trovi gli iscritti, e si nota che sono pochissimi.
4. Non si impegna nel sociale (es. volontariato...). Si studia, studia e studia e magari (sempre se si ha tempo) si fa aperitivo o si va in discoteca.

Quindi, almeno dalla mia personale esperienza, parlare di giovani "di destra o di sinistra", significa parlare di qualcosa che non esiste.
Matteo: nonostante l'attuale tendenza dell'elettorato giovanile italiano sembri essere quella dell'**indifferenza** rispetto ad un preciso orientamento politico, non troverei sorprendente se i giovani prediligessero i movimenti di sinistra a scapito di quelli di destra, laddove si associ ai primi una tendenza **progressista** e ai secondi una **conservatrice.**
E' intuitivo che siano proprio le nuove generazioni, spontaneamente progressiste, quelle più prone a modificare gli assetti economici e sociali in essere, non avendo preso parte alla loro costituzione, e che, al contrario, siano le generazioni più vecchie, naturalmente conservatrici, quelle più ostili a innovare un regime al quale si sono ormai per la maggior parte adeguate o che hanno addirittura contribuito a formare.

Tuttavia, se è vero che le principali correnti della destra, fatta parziale eccezione per quella liberale, possono definirsi pienamente conservatrici (e talvolta anche reazionarie) non sarebbe corretto, per analogia, intendere tutte le correnti della sinistra come progressiste, quantomeno in termini contemporanei: il riferimento è in parte al socialismo, ma soprattutto al comunismo. Parlare di destra e di sinistra in senso lato, quindi, è una semplicistica generalizzazione.
Infine, ritengo che l'attribuzione di una presunta superiorità intellettiva o morale ai sostenitori dell'una o all'altra corrente politica sia capzioso e riduttivo. Così come, di conseguenza, correlare una preferenza politica semplicemente al grado di maturazione individuale raggiunto, che di una certa intelligenza o moralità dovrebbe essere espressione. Credo, piuttosto, che l'orientamento politico odierno sia guidato massimamente da interessi contingenti, sì correlati a fattori anagrafici, ma per la maggior parte scevri di idealismi.

COSA DIFFERENZIA UN UOMO DI DESTRA DA UNO DI SINISTRA?

La caratteristica che distingue maggiormente le persone di destra da quelle di sinistra, secondo il parere personale di Ciccio, espresso con molta ironia, sarcasmo e satira scherzosa, è innanzitutto l'opinione che gli uni hanno dell'altro gruppo.
Secondo quelli di destra, quelli di sinistra si dividono in due categorie a seconda delle finanze di cui dispongono: **straccioni e radical chic.** Sono tutti stalinisti e vorrebbero ridurci alla fame, sostituirci coi neri e renderci tutti gay. Inoltre ci tengono tantissimo a portare in Italia tutta l'Africa. Altra loro fondamentale battaglia è quella contro i matrimoni tradizionali: vorrebbero che solo persone dello stesso sesso potessero sposarsi e che le donne partorissero unicamente previo affitto del loro utero a terzi. Sul fronte fiscale, vorrebbero che i nostri stipendi andassero integralmente devoluti allo stato.
Secondo quelli di sinistra, quelli di destra sono tutti arrivisti che se ti incrociano per strada ti mettono sotto col SUV perché ne traggono piacere fisico. SUV acquistato grazie alle tasse evase. Hanno ovviamente tutti il busto del duce sul comodino e vanno a Predappio due volte l'anno. Vorrebbero fucilare ogni immigrato, o meglio ancora bombardarli direttamente in mare.

Per loro i gay sono un abominio di satana. Credono profondamente in Dio e sono convinti che quest'ultimo li abbia eletti difensori del bene, che loro riescono sempre a distinguere dal male. Per esempio cattolico è bene, altra religione è male. Uomo-donna bene, uomo-uomo male. Donna-donna dipende dall'eleganza della cena.
Non lo so dice poi Ciccio, io di politica non ci capisco molto, però a sentire gli altri ne deduco questo.

DICIASSETTESIMO CAPITOLO
Cosa pensare di questo governo di destra?

In realtà c'è poco da pensare. Francamente sostiene Giorgi e senza giro di parole, questo governo rappresenta il fallimento della democrazia.

Mai prima d'ora l'Italia aveva eletto un governo di estrema destra perché è indubbio che sia un governo di estrema destra, non di destra moderata o centrodestra, come vorrebbe farci credere la Meloni che per l'occasione si è data una regola istituzionale.

Gli italiani hanno la memoria corta ma Giorgi non dimentica le dichiarazioni che fece 20 anni fa su Mussolini che definì un ottimo politico né tantomeno i continui richiami all'eredità di Almirante, un fascista convinto che non ha mai rinnegato il proprio passato repubblichino e fervente sostenitore delle leggi razziali, che la Meloni ha più volte definito un patriota e recentemente ha osato addirittura dichiarare che il MSI ha avuto un ruolo fondamentale nella costruzione della nostra democrazia quando tutti sanno che i missini erano i reduci del disciolto PNF e della defunta RSI e che spesso sono stati coinvolti in tentativi di sovversione autoritaria del regime democratico, altro che traghettare gli italiani alla democrazia. Altrettanto imbarazzanti le dichiarazioni di La Russa sui busti del Duce e sull'attentato di via Rasella dove i partigiani avrebbero ammazzato una banda di musicisti semi pensionati. Per inciso il padre era uno dei fondatori del MSI, quindi un neofascista. La Giorgia ci ha provato a togliersi questa patina ma è stata una dichiarazione poco convincente. Certo, condanna da sempre il fascismo ma curiosamente continua a elogiare Mussolini e rimpiange Almirante. Tuttavia, però, Giorgi non la reputa fascista perché ha mantenuto il rispetto formale per la Costituzione e soprattutto sarebbe anacronistico definire fascista una politica nata negli anni 70. Però definire di estrema destra il suo governo sembra l'appellativo più appropriato perché presenta notevoli analogie con i sovranisti europei, in primis Orban e Le Pen, ed ha ottenuto la maggioranza della coalizione.

Paradossalmente Forza Italia, che in teoria è un partito liberale, risulta in minoranza nel nuovo governo dove predomina la destra post-fascista e sovranista riciclata atlantista e europeista.

Un governo che ha destato forti preoccupazioni e forti delusioni nel panorama internazionale e nazionale. In primis perché tutti pensavano che la Meloni avrebbe sovvertito in qualche modo l'ordine costituzionale, poi perché tutti pensavano che avrebbe difeso i nostri interessi nazionali. Entrambe le previsioni sono state deluse e sulla seconda non si può che essere insoddisfatti, sostiene Giorgi. Ma non è colpa della Meloni e dell'attuale governo se non sa rappresentare gli interessi degli italiani. In fondo quasi nessun governo dal dopoguerra ha saputo condurre una politica estera autonoma da Washington e Bruxelles, perché dovrebbe farlo lei? Solo che magari dopo anni che sbandiera ai quattro venti che farà una politica nazionale, sarebbe anche l'occasione di provarlo visto che è stata eletta dagli italiani per questo. E invece niente, nessuna differenza con il precedente governo Draghi, anzi avanti con l'Ucraina e supporto incondizionato a Israele oltre al tradizionale servilismo verso Washington e Bruxelles che ormai accomuna tutti i governi.
Però sarebbe ingiusto dare tutte le responsabilità del fallimento di questo governo alla Meloni. Il fallimento non è dell'estrema destra che ha vinto le elezioni e poi si è rimangiata tutto ma della sinistra che sembra essere inesistente in questo Paese, soprattutto di un PD che ormai non convince più nessuno e di un movimento che sopravvive grazie all'abilità di Conte. Per Giorgi la vittoria è l'ennesimo fallimento della democrazia che non ha saputo arrestare l'avanzata dei sovranisti in Europa né tantomeno costruire una destra moderna in grado di condannare ideologie estremiste e reazionarie creando un modello centrista in stile DC. Sembra che i liberali siano morti con Montanelli e i comunisti con Berlinguer perché di leader veramente di destra e veramente di sinistra non ne vede. Poteva essere Berlusconi ma troppi erano gli scandali e le ombre sulla sua figura.
Giorgi dice che non ha votato la Meloni perché non ne condivideva le idee. Ha votato il male minore, pur sapendo che la sinistra non è la soluzione.
Ma fino a quando in Italia non ci sarà una destra in grado di rappresentare un'alternativa per il futuro e ci saranno soltanto sovranisti, nostalgici e reazionari allora non si può sostenere il governo.

Peccato dice Giorgi, speravo che L'Italia avesse la stessa maturità della Francia di isolare persone che non si discostano molto dalla logica della Le Pen, anche lei nostalgica erede del regime di Vichy. Potevo capire che i sovranisti avessero fiato e consenso in Paesi post-comunisti come il gruppo di Visegrad ma che un Paese civile e moderato come l'Italia abbia eletto la Meloni per me è un motivo di forte rammarico e delusione. Significa che la società civile non è più in grado di elaborare i propri problemi e ha bisogno di una donna forte che però non è in grado di risolverli. Purtroppo la Meloni non è all'altezza della Thatcher, tantomeno della Merkel.
Giorgi teme che questo governo durerà per altri tre anni e il fatto più sconcertante è che non c'è alcuna differenza con i governi precedenti, solo una patetica serie di gaffes e politici nullafacenti.
Dice che l'unica cosa che ha apprezzato della Meloni è stato il discorso all'ONU in cui ha condannato indirettamente la Francia per la sua politica neocoloniale, ponendo l'Italia come interlocutore privilegiato dei Paesi del Terzo Mondo. E' stato un discorso di civiltà simile al discorso di De Gasperi. Per il resto, delusione totale.
Giorgi auspica e spera solo che gli elettori si rendano del danno fatto al Paese e della sua incoerenza come politica e persona. Non che la sinistra fosse meglio, intendiamoci dice Giorgi, ma almeno non faceva certe dichiarazioni.
Ad incalzare ancora di più sull'attuale governo ci pensa anche Francesco, il quale alla domanda su cosa ne pensa, lo definisce **"Una Frana. Se non addirittura un disastro".** Francesco sostiene che di tutto quanto promesso in campagna elettorale, niente è stato realizzato. Un anno buttato via. Solo apparenza e belle parole di auto compiacimento da parte della neo premier di FdI.
Solamente passerelle in giro all'estero, tutta tronfia e sorridente, a raccogliere elogi da tutti, capi di stato e di governo…Mentre l'Italia è in totale declino socio-politico militare…Sanità a pezzi. Povertà in continuo aumento (basta farsi un bel giretto presso le varie sedi della Caritas delle nostre città e vedere le file chilometriche di cittadini, pensionati e disoccupati, che sempre più numerosi chiedono aiuto per poter sfamare i propri famigliari…).

Prezzi di tutti generi di primaria necessità alle stelle (dagli alimentari, al carburante, gas, luce, scuola, abbigliamento, ecc. ecc.). Le casse dello Stato sono vuote, mentre troviamo in un battibaleno armi e miliardi da sperperare in una guerra (Ucraina!) nella quale ci siamo infilati dentro ma che l'Italia non c'entra assolutamente niente di niente. Immigrazione illegale dal continente africano e da mezzo mondo, quasi triplicata...Insomma, l'Italia è sull'orlo del baratro e la nostra premier felice e contenta gira il mondo a mietere consensi ed elogi...Che delusione! **E COME NON DARGLI TORTO A FRANCESCO PER QUESTE SUE RIFLESSIONI!!!** Ma come non dare torto anche a Emilio quando sostiene che:" **La mia preoccupazione è che in qualche modo il potere della sinistra riuscirà ad impedire al centrodestra di governare. Magistratura politicizzata, aiuti europei della sinistra mondialista, sindacati, scuola ed il totale asservimento della stampa e dei media."** E alla domanda di qualcuno su come abbia fatto la destra ad arrivare al governo, la risposta genuina la fornisce papale papale Giovanni: **"Con i voti della gente che si è rotta i coglioni dell'operato della sinistra". E ANCHE QUI COME NON DARGLI TORTO?**
La mia opinione in risposta alla affermazione di Giorgi, secondo la quale sperava che L'Italia avesse la stessa maturità della Francia di isolare persone che non si discostano molto dalla logica della Le Pen, anche lei nostalgica erede del regime di Vichy, è che il partito della Le Pen alle ultime elezioni europee ha fatto il botto con il suo 33% di consensi, disarcionando letteralmente il partito del presidente Macron. Tanto che il Presidente della repubblica francese Macron, di fronte ad una chiara debacle del suo partito, ha deciso di sciogliere l'Assemblea Nazionale e a indire nuove elezioni che si sono svolte il 30 giugno e 7 luglio 2024 con l'esito che tutti conosciamo e che ha messo poi nell'angolo l'estrema destra di Marine Le Pen, che al primo turno era risultata vincente scatenando la paura e le preoccupazione di tutta la sinistra e dei suoi elettori, mobilitandosi nelle principali Città.
Già in precedenza vi era stato un rallentamento della politica governativa dovuta anche alle forti proteste dapprima per il varo della riforma pensionistica e poi a causa degli scontri in piazza per l'assassinio di un giovane da parte della Polizia, determinando un vulnus alla democrazia francese.

Tale decisione, comunque, che ha costituito una scelta coraggiosa e temeraria da parte del Presidente francese, in cui comunque nessuna formazione politica ha raggiunto la maggioranza per poter governare, superabile soltanto con le difficili alleanze tra partiti di sinistra in forte contrapposizione tra di loro, può anche rappresentare lo stimolo per una più approfondita riflessione sull'efficacia stabilizzante della riforma del premierato che l'attuale governo si appresta ad approvare in Italia e che già in Senato ha superato favorevolmente il primo esame nella notte di mercoledì 19 giugno 2024, compreso il disegno di legge sulla cosiddetta riforma sull'economia differenziata, che stabilisce le regole e il percorso con cui alcune regioni potranno chiedere maggiore autonomia nella gestione di specifiche materie.

IL GOVERNO DELLA MELONI E' VERAMENTE FASCISTA COME SI DICE?

Per Alessandro il fascismo presunto della Meloni non può essere una opinione o una supposizione. Ci sono dei chiari indicatori quando il fascismo arriva:

1. I fascisti usano sistematicamente la violenza per eliminare le opposizioni.
2. I fascisti uccidono gli oppositori.
3. I fascisti creano una milizia privata (es. camice nere) che usano come esercito di partito.
4. I fascisti picchiano nelle strade gli appartenenti ai partiti di opposizione.
5. I fascisti sciolgono il parlamento.
6. I fascisti sciolgono i partiti tranne il PNF.
7. I fascisti sciolgono i sindacati non fascisti.
8. I fascisti chiudono i giornali non allineati col Partito Fascista.
9. I fascisti liquidano il parlamento e al suo posto nominano il Gran Consiglio del Fascismo.

Se la Meloni sta facendo queste cose allora abbiamo tutti un problema perché il fascismo è arrivato e allora dobbiamo correre alle armi.
Se invece la Meloni non sta facendo queste cose, i rossi per favore la piantino di rompere i coglioni con il fascismo perché fanno perdere del tempo a tutti.

Per Claudio il fascismo non si manifesta sempre allo stesso modo. Ci sono però chiari segnali che indicano una gran voglia di "capocrazia". L'insofferenza al contraddittorio, il vittimismo e non ultimo l'aggressione in parlamento.
Sulla vicenda del parlamento Alessandro dice di avere le idee chiare e che secondo lui il parlamentare dei 5 stelle Di Donno si è comportato malissimo pur non giustificando la baruffa e le scazzottate. Anche perché il Di Donno avrebbe agito scientemente per provocare quelli della destra e farli apparire come dei fascisti violenti.
Per Giovanni che dice di avere 86 anni e di essere stato sempre un simpatizzante della destra, il fascismo è morto e sepolto il 28 aprile 1945 a Piazzale Loreto a Milano. E sostiene che dare della fascista alla Meloni è l'idiozia più grossa che la sinistra ci vuole propinare ogni giorno, ed è un peccato perché c'è ancora chi ci crede non capendo che il PD e i suoi capi li stanno prendendo solo per il culo. Insomma il fascismo è morto e sepolto e possono stare sicuri che non tornerà nemmeno più. E conclude che forse gli unici fascisti rimasti sono proprio loro, gli ex comunisti, nostalgici forse perfino di Stalin……e ce ne sono credetemi, sostiene convintamente Giovanni.
Ma per Maxs ci sono molti modi per imporre un regime autoritario. Uno è quello grezzo della violenta presa di potere, oggi impraticabile. L'altro, più sottile, è quello dello smantellamento e svuotamento della democrazia a piccoli pezzi, con piccoli interventi autoritari e liberticidi qua e là. Occupazione dei media, attacchi e intimidazioni alla libertà di stampa, sottomissione del potere giudiziario, impunità per i reati dei politici di governo, criminalizzazione del dissenso.
Un piccolo passo alla volta e si finisce in una democratura, un quasi regime che della democrazia conserva solo un vuoto guscio.
I segnali ci sono tutti, e quando accadrà dovremo ringraziare gli utili idioti che finché non vedono le camice nere in piazza continuano a dire che va tutto bene, anzi è colpa di chi protesta.

DICIOTTESIMO CAPITOLO
POVERO UN ITALIANO SU DIECI

E riallacciandoci alle considerazioni di Francesco sullo stato di povertà in cui versano milioni di italiani ecco la situazione, anche se al dire il vero le responsabilità non possono del tutto essere attribuite all'attuale governo di centrodestra che si è insediato circa 2 anni fa rilevando una situazione economica disastrosa, verosimilmente causata dal "Superbonus e dal Reddito di Cittadinanza". Anche se ad onor del vero il Reddito di Cittadinanza ha tuttavia contribuito a lenire e/o ridurre la povertà assoluta e il superbonus al 110% a gonfiare le tasche di imprenditori edili già pieni di soldi, come ad esempio quelli che respirano l'aria del territorio dove io vivo costantemente:

Secondo i dati Istat, 5,7 milioni di italiani vivono in condizioni di povertà assoluta, vale a dire 1 cittadino su 10. Quando si è considerati poveri in Italia? Nel 2022 la soglia di povertà relativa familiare è pari a 1.150 euro per una famiglia di due componenti, valore superiore ai circa 1.054 euro del 2021. Una famiglia è assolutamente povera se sostiene una spesa mensile per consumi pari o inferiore a tali valori monetari. Le nuove soglie di povertà assoluta rappresentano il valore monetario, a prezzi correnti, del paniere di beni e servizi considerati essenziali per ciascuna famiglia per evitare gravi forme di esclusione sociale nel contesto di riferimento. Nel nostro Paese il 12% dei lavoratori sono working poor, persone che pur lavorando sono povere e non riescono a vivere in modo dignitoso: sono circa 3 milioni di persone che guadagnano meno di 11.500 euro netti l'anno, cioè poco più di 950 euro al mese. Si possono distinguere due linee di povertà: una inferiore, scendendo al di sotto della quale si definisce la povertà estrema, e una superiore, al di sotto della quale si è in una condizione di povertà moderata. Nell'anno 2022 le persone che si sono rivolte alla Caritas sono state 255.597 e si supera il mezzo milione se si considerano i familiari. Non si tratta solo di nuovi poveri, quasi il 30% dei beneficiari è accompagnato da più di cinque anni.

La povertà in Italia, si legge nel report di Caritas presentato venerdì 17 novembre 2023 a Roma, presso la sede di Caritas Italiana, **"Povertà ed esclusione sociale in Italia dal titolo – Tutto da perdere - "**, può dirsi ormai strutturale. Se si pensa che solo 15 anni fa il fenomeno riguardava appena il 3% dei residenti si comprende quanto siano state compromettenti per l'Italia le gravi crisi globali attraversate a partire dal 2008, dal crollo di Lehman Brothers, alle crisi del debito sovrano, fino alla pandemia da Covid-19, a cui si aggiungono ora gli effetti del conflitto in Ucraina che stanno impattando pesantemente sulla crescita economica, sull'indice dei prezzi al consumo e sulle politiche monetarie.

DICIANNOVESIMO CAPITOLO
Il Generale Vannacci e la X Mas

Il generale Vannacci evoca la X Mas "Fate una Decima sul mio nome". E subito contro di lui si scatena la bagarre. Il Generale, diventato famoso grazie al suo libro dal titolo "Il Mondo al contrario" che ha suscitato un vespaio di polemiche soprattutto nelle file della sinistra per i suoi contenuti omofobi, razzisti e quant'altro, che pare abbia venduto più di 300 mila copie in poche settimane, candidato nella Lega come indipendente alle elezioni europee dell'8 e 9 giugno venendo poi eletto con una valanga di voti (oltre 553 mila preferenze), diffonde un video propagandistico su canali non ufficiali della Lega, nel quale dice:" Mettete una decima sul simbolo della Lega" facendo una X con le mani. Poi quando divampano le polemiche avrebbe chiarito: "Mi riferivo alla X Mas che fu un glorioso reparto della regia Marina di Tesei" e non come qualcuno ha pensato alla X Flottiglia Mas, conosciuta anche come "la Decima" che ha commesso diversi crimini contro la resistenza partigiana durante la seconda guerra mondiale".
L'8 e 9 giugno "sull'apposita scheda fate una "decima" sul simbolo della Lega e scrivete Vannacci e li travolgeremo tutti con una valanga di voti. Per cambiare questa Europa che non ci piace". L'appello al voto diffuso sui social dal candidato della Lega Vannacci – dice il portavoce di Europa Verde e deputato Avs (Alleanza Verdi Sinistra) Angelo Bonelli – in cui si invita a mettere una "Decima" sulla scheda, è un atto assurdo e inaccettabile che offende profondamente la memoria storica e il rispetto per le vittime del nazifascismo. La Divisione X, dopo l'8 settembre, divenne una delle milizie nazifasciste più feroci della Repubblica di Salò responsabile di almeno 300 morti innocenti secondo le stime dell'Atlante delle stragi nazifasciste". "E' doveroso ricordare – aggiunge – che gli uomini della Flottiglia X Mas marchiavano o incidevano sul petto degli sventurati la "x" della decima.
Dagli alberi delle strade prendevano i corpi dei partigiani con un cartello al collo che recitava:" E' passata la Decima". Questa deplorevole richiesta nel giorno dei 100 anni del discorso di Giacomo Matteotti che gli costò la vita per mano fascista, è un insulto alla nostra democrazia e ai valori su cui si fonda la nostra Repubblica.

Questi sono gli alleati di Giorgia Meloni che chiedono il voto fascista. E' indispensabile che tutte le forze democratiche condannino senza mezzi termini questo atto ignobile e che i cittadini siano consapevoli della gravità di tali richiami simbolici", conclude.
Ma ovviamente, a questo punto la domanda nasce spontanea:" Il generale Vannacci nel suo spot pubblicitario si riferiva al glorioso reparto della regia Marina di Tesei oppure agli uomini della Flottiglia X Mas, che dopo l'8 settembre divenne una delle milizie nazifasciste più feroci della repubblica di Salo?
L'immagine del Generale che indossa una polo nera con alle spalle il tricolore e le dita ad indicare una X lasciano perplessi e viene difficile ipotizzare che il suo pensiero fosse rivolto alla regia e Gloriosa Marina di Tesei, anche se, allo stesso modo, viene difficile pensare che egli si riferisse alla Flottiglia X Mas che nulla ha di glorioso se non quella di essere stata una milizia nazifascista spietata che offende le coscienze democratiche. Bontà sua!!!
Ma vi è da porsi anche questa domanda:-" Ma che cosa ha a che vedere il Generale Vannacci con la X Mas, un reparto speciale di incursori della Marina Militare, visto che lui è un generale di fanteria dell'Esercito?
E poi, ma questa è una mia opinione personale, non sarebbe stato più opportuno per il Generale evocare nel suo spot pubblicitario per le elezioni del rinnovo del parlamento europeo, ad esempio la storica, mitica, gloriosa e "plurimedagliata al valor militare" Brigata Sassari? Visto anche che nelle sue vene scorre sangue sardo?
Si, forse sarebbe stato più opportuno quantomeno per discostare il Generale da una visione ideologica vicina al fascismo, ma i nostalgici del fascismo, che evidentemente sono in molti, sarebbero stati attratti ugualmente dall'eventuale spot pubblicitario sulla Brigata Sassari?

LA VERA STORIA DELLA DECIMA

Dopo l'8 settembre 1943 la X Mas si schierò al fianco dei nazisti in Italia, macchiandosi di crimini efferati.
In questi giorni la X Mas è, ahimè, tornata di moda. Ma che cos'era esattamente? E perché la sua evocazione ci indigna tanto? Partiamo da lontano. La storia è ricca di unità speciali e reparti di assalto.

Già nella Prima Guerra Mondiale l'Italia impiegava i Mas, acronimo di Motobarca Armata Svan. Nel tempo, l'acronimo rimane, mentre la denominazione tecnica dei mezzi si evolve in Motoscafi Armati Siluranti.
E fino a qui il fascismo non c'entra nulla, è vero. Ma con quella "Decima" tanto evocata in questi giorni il fascismo c'entra eccome!
La X Mas, ufficialmente X Flottiglia Mas (nome assunto a partire dal 1941) era un reparto speciale dell'esercito italiano inizialmente sotto il comando diretto di Benito Mussolini e successivamente (dal 1943) del Principe Nero, Junio Valerio Borghese (quello stesso Junio Valerio Borghese che nel 1970 fu protagonista di un tentativo di colpo di Stato per instaurare in Italia un governo autoritario, passato alla storia come il "golpe Borghese".
Con Regio Decreto in data 10 giugno 1943, alla X Flottiglia Mas viene conferita la Medaglia d'oro al valor Militare con la seguente motivazione:
"Erede diretta delle glorie dei violatori di porti che stupirono il mondo con le loro gesta nella prima guerra mondiale e dettero alla Marina Italiana un primato finora ineguagliato, la X Flottiglia M.A.S. ha dimostrato che il seme gettato dagli eroi nel passato ha fruttato buona messe. In numerose audacissime imprese, sprezzante di ogni pericolo, fra difficoltà di ogni genere create, così, dalle difficili condizioni naturali, come nei perfetti apprestamenti difensivi dei porti, gli arditi dei reparti di assalto della Regia Marina, plasmati e guidati dalla X Flottiglia M.A.S., hanno saputo raggiungere il nemico nei più sicuri recessi dei muniti porti, affondando due navi da battaglia, due incrociatori, un cacciatorpediniere e numerosi piroscafi per oltre 100.000 tonnellate. Fascio eletto di spiriti eroici, la X Flottiglia M.A.S. è rimasta fedele al suo motto. "Per il Re e la Bandiera". Mediterraneo, 1940 – 1943".
E fino a qui tutto bene, più o meno. Peccato, però, che dopo l'8 settembre 943 la X MAS si schiera a fianco dei nazisti in Italia, macchiandosi di crimini efferati come torture, esecuzioni sommarie, rastrellamenti, furti e saccheggi.
Una fotografia emblematica ne cattura la brutalità: il ritratto di Ferruccio Nazionale, partigiano biellese, impiccato a Ivrea il 29 luglio 1944. Al collo un cartello con la scritta "Aveva tentato con le armi di colpire la Decima" (il corpo del partigiano, martoriato dalle torture, sarà esposto in piazza come macabro monito per la popolazione).

Dal maggio 1944 la "Divisione Decima" (in lettere, non più in numero romano) perde ogni carattere marinaio e diventa una forza che i tedeschi usano come supporto alla guerra partigiana. E su questa parte della storia c'è davvero poco da scherzare.
"A sinistra hanno totalmente smarrito il senso dell'ironia", ha detto ultimamente qualcuno. Sinceramente, cosa ci sia di ironico lo sapete soltanto voi.
L'Atlante delle stragi naziste e fasciste in Italia si compone di una banca dati e di materiali di corredo correlati agli episodi censiti ospitati all'interno del sito web. Nella banca dati sono state catalogate e analizzate tutte le stragi e le uccisioni singole di civili e partigiani uccisi al di fuori dello scontro armato commesse dai reparti tedeschi e della Repubblica sociale italiana in Italia dopo l'8 settembre 943, a partire dalle prime uccisioni nel Meridione fino alle stragi della ritirata eseguite in Piemonte, Lombardia, Veneto e Trentino Alto Adige nei giorni successivi alla liberazione.
I risultati dell'indagine hanno permesso di censire oltre cinquemila episodi, inseriti nella banca dati, per ognuno dei quali è stata ricostruita la dinamica degli eventi, inserita nello specifico contesto territoriale e nelle diverse fasi di guerra, e accertata l'identità delle vittime e degli esecutori (quando possibile).
Un lavoro enorme che ha individuato un totale di 5.862 eccidi, nei quali hanno perso la vita 24.384 persone (53% civili, 30% partigiani). Una media di 40 uccisi e oltre, nove episodi al giorno nel corso di 20 mesi. Una violenza inaudita scatenata unicamente dai tedeschi nel 66% dei casi, dai soli fascisti nel 22% dei casi, da tedeschi e fascisti insieme nel 14% dei casi.
Provate a inserire nel motore di ricerca il termine MAS e cercate nel portale l'elenco degli "Episodi di cui è responsabile o corresponsabile questo reparto". Il risultato, ve lo assicuro, fa impressione.
Nell'anno del centesimo anniversario dell'uccisione di Giacomo Matteotti, vedere alcuni gesti in Parlamento è davvero inaccettabile. Così come è inaccettabile il silenzio delle istituzioni. Così come è stata inaccettabile nei giorni scorsi la campagna elettorale di qualcuno e la sua difesa d'ufficio nel servizio pubblico da parte di qualcun altro.
Due anni fa Enrico Montesano fu cacciato dalla Rai per aver indossato una maglietta. Oggi Vannacci con lo slogan "mettete una Decima sulla scheda" ha conquistato un seggio a Strasburgo.

Che dire? Mala tempora currunt, per usare quel latino che sembra piacervi tanto. (Collettiva – articolo Ilaria Romeo 15 giugno 2024 – 07:00.

Ma chi è il generale Vannacci?

Tre lauree di livello magistrale in Scienze strategiche, in Scienze internazionali e diplomatiche e in Scienze militari, due master universitari di II livello, medaglie e missioni speciali. Spezzino, 55 anni, generale di divisione dell'esercito italiano, una carriera esemplare e velocissima. Le sue testimonianze sull'uso dell'uranio impoverito. Un curriculum militare di tutto rispetto, che adesso rischia di essere spazzato via a causa della polemica nazionale che si è sollevata sui contenuti scioccanti, ma non per tutti, pubblicati nel suo libro (autoprodotto) "Il mondo al contrario".
Ex comandante della Task Force 45 durante la guerra in Afghanistan, ex comandante della Folgore, ex comandante del Col Moschin (reparto speciale che compie incursioni strategiche in zone ad alta pericolosità) ed ex comandante del contingente italiano in Iraq. Sui siti di informazione specializzati nel mondo militare, si legge che è considerato un valoroso "soldato al servizio dello Stato". Nel 2020 il generale è stato anche impiegato come addetto per la difesa presso la Federazione Russa con deleghe in Bielorussia e Turkmenistan incarico cessato nel 2022 in quanto dichiarato "persona non grata" a seguito dello scoppio della guerra tra la Russia e l'Ucraina.
Una brillante ascesa – costellata di onorificenze nazionali e internazionali - che a giugno 2023 lo ha portato alla guida dell'Istituto geografico militare, lo storico ente cartografico di Firenze (Igm). Secondo la biografia sul sito dell'Igm – parla correntemente l'inglese, il francese, il rumeno, il portoghese, lo spagnolo, e il russo, e vanta inoltre tre lauree (in scienze strategiche, scienze internazionali e scienze militari). Titoli che, tuttavia, in questi frangenti non bastano. Gli verrà conferito il nuovo incarico di Capo di Stato Maggiore delle Forze Terrestri, "Ruolo prestigiosissimo e adeguato alla mia esperienza" dirà il generale, ma del quale il Ministro della Difesa, Guido Crosetto, si è apprestato a dichiarare che non è una promozione.

Lo stesso Ministro, appena ha appreso dagli organi di stampa il contenuto del libro scritto e autoprodotto dal Generale dell'Esercito Roberto Vannacci, ha dichiarato: "Non vanno in alcun modo, utilizzate le farneticazioni personali di un Generale, ancorché in servizio, per polemizzare con la Difesa e le Forze Armate. Il Generale Vannacci ha espresso opinioni personali che screditano l'Esercito, la Difesa e la Costituzione repubblicana. Per questo sarà avviato dalla Difesa l'esame disciplinare previsto". Poi, così come preannunciato dal Ministro, l'avvio del procedimento disciplinare militare e la sospensione dal servizio del Generale Vannacci per un periodo di 11 mesi con stipendio dimezzato. Secondo le conclusioni del procedimento interno infatti la pubblicazione del libro avrebbe determinato un "lesione al principio di neutralità/terzietà della Forza Armata(...) compromettendo il prestigio e la reputazione dell'Amministrazione di appartenenza e ingenerando possibili effetti emulativi dirompenti e divisivi nell'ambito della compagine militare". E a proposito della nomina a capo di stato maggiore del Comando delle forze operative terrestri, il Ministero della difesa chiarirà che si tratta di un incarico di "coordinamento dello staff del comandante".
Il suo libro dal titolo "Il Mondo al Contrario", per tanto tempo è stato primo nella classifica dei bestseller di Amazon. Alcune frasi hanno fatto e fanno discutere anche a distanza di mesi. E sono state sicuramente condivise da milioni di italiani. Il Generale ha colpito nel segno ricevendo il consenso degli italiani che la pensano come lui, ma che non hanno mai avuto il coraggio di esternare pubblicamente le frasi e le considerazioni che ha scritto nel suo libro?
Il Generale di sicuro è una persona colta, scaltra, intelligente e dalla facile risposta di pensiero, uno che dice e non dice. Non è uno sprovveduto come qualcuno vorrebbe far credere. E' stato molto lungimirante e coraggioso. E questo lo ha dimostrato ai più con le frasi forti che ha scritto nel suo libro di cui, forse, neanche lui si aspettava che potesse riscuotere il successo internazionale che in realtà ha riscosso scuotendo le coscienze conservatrici di milioni di italiani. Ma di questo ovviamente dovrà ringraziare, il giornalista della testata giornalistica "La Repubblica" che per primo ha pubblicato l'articolo sul libro, rendendolo famoso, e poi la sinistra in genere, opinionisti, giornalisti, che attaccandolo pesantemente e

quotidianamente nei vari tolk show televisivi e sulla carta stampata sui contenuti del libro, lo hanno fatto diventare famoso, un idolo per centinaia di migliaia di italiani.

E poi come spesso accade quando, anche tuo malgrado, si diventa famosi fioccano le denunce di chi contesta e disapprova il tuo pensiero e si finisce nella lente di ingrandimento della giustizia. E a quanto pare a questa regola non è sfuggito neanche il Generale Vannacci (Sic et simpliciter).

Vicende giudiziarie

Accusa di peculato e truffa: il 24 febbraio 2024 viene indagato per peculato e truffa dalla Procura militare riguardo a rimborsi e indennità ricevuti durante il suo periodo come addetto militare in Russia dal febbraio 2021 al maggio 2022. La procura ordinaria ha aperto un fascicolo e la magistratura contabile ha aperto un'indagine per danno erariale. Vannacci è stato anche iscritto nel registro degli indagati della procura di Roma per falso in atto pubblico.

"Siamo davanti a chiacchiere da bar", ha detto all'AGI l'autore de "Il mondo al contrario" in relazione all'anticipazione del Fatto Quotidiano. "Non ci sono notifiche e non c'è nulla di nuovo dal punto di vista formale. A fine febbraio era uscita la stessa notizia su un altro giornale, a noi non è ancora arrivato nulla", ha detto il generale, sottolineando di essere "serenissimo".

"Non abbiamo notizia formale della chiusura dell'inchiesta amministrativa militare – ha detto Giorgio Carta, legale di Vannacci, al Fatto – e non abbiamo ricevuto alcuna notifica formale da parte di quella ordinaria, quindi nemmeno conosciamo quali sarebbero le condotte eventualmente ancora contestate. Possiamo però dire che le accuse apparse a suo tempo sulla stampa erano infondate e abbiamo già dimostrato che tutte le irregolarità di cui si era parlato non erano tali".

Accusa di istigazione all'odio razziale: il 26 febbraio 2024, a seguito di varie denunce a suo carico presentate da alcune associazioni, la Procura di Roma ha aperto un'indagine per istigazione all'odio razziale nei confronti di Vannacci. Il Gip militare archivia (in parte) Vannacci sulle accuse di istigazione all'odio e a commettere reati. Il procedimento contro il generale Roberto Vannacci – oggi europarlamentare con la Lega – legato a due

denunce sul contenuto del libro “Il mondo al contrario” è stato parzialmente archiviato dal Gip militare di Roma. Le accuse riguardavano un presunto caso di istigazione a disobbedire alle leggi o a commettere reati: il giudice per le indagini preliminari le ha archiviate con riferimento a tutti i fatti contestati, ad eccezione di una eventuale diffamazione militare relativa ad un soggetto menzionato nel libro. In quest’ultimo caso ha incaricato la Procura Militare di svolgere ulteriori indagini con un termine di quattro mesi. Questa ulteriore archiviazione ha commentato Vannacci, “avvalora l’infondatezza di moltissime accuse che tanti opinionisti, personaggi mediatici, politici e una certa stampa – che addirittura ha diffuso con dovizia di particolari la presunta incolpazione di peculato mai presa in esame né dalla magistratura ordinaria né da quella militare – non hanno mancato di evidenziare, sottolineare ed esaltare con lo scopo evidente di denigrare la mia figura e di ostacolare la mia elezione. Gli italiani sono stati più accorti nel non conferire importanza a quanto divulgato con grande leggerezza e senza alcuna evidenza di prove”. **E come non dargli torto!!!**
Accusa di diffamazione: il generale è stato denunciato per diffamazione dalla pallavolista paola Egonu, per aver scritto che i tratti somatici dell’atleta “non rappresentano l’italianità”. Tale accusa è stata poi archiviata.

Ma cosa c’è scritto nel libro del generale Roberto Vannacci
I gay e le unioni omosessuali:

“Lobby gay internazionale”, “Cari omosessuali, normali non lo siete”, fatevene una ragione! Non solo ve lo dimostra la Natura, che a tutti gli esseri sani <normali> concede di riprodursi, ma lo dimostra la società: rappresentate una ristrettissima minoranza del mondo. Quando vi sposate ostentando la vostra anormalità la gente si stupisce, confermando proprio che i canoni di ciò che è considerato usuale e consuetudinario voi li superate”.
Froci e ricchioni
“Termini che fino a pochi anni fa erano nei nostri dizionari: pederasta, invertito, frocio, ricchione, buliccio, femminiello, bardassa, caghineri, cupio, buggerone, checca, omofilo, uranista, culattone che sono ormai termini da tribunale”.

Maternità e cannibalismo
"Una pietosa di finti moralisti accostano la maternità alla schiavitù, si inventano il diritto alla genitorialità e giustificano pratiche come l'utero in affitto. D'altra parte seguendo lo stesso criterio potremmo affermare con ragionevole grado di certezza che non è nella natura dell'uomo essere cannibale".

Il calo demografico
"Nel nostro bel mondo al contrario siamo arrivati al paradosso dei paradossi: chi potrebbe avere figli non li fa e viene dissuaso dal farli sia per ragioni economiche ma anche perché ormai si è socializzata l'idea che avere una prole significa rinunciare alla libertà, all'emancipazione, alla carriera, a una vita cosiddetta moderna. Chi invece i figli non li può avere come le coppie omosessuali è pronto a qualsiasi espediente per ottenere un paio di pargoli".

Contro gli animalisti
"Arrivano poi gli animalisti….non si spiegano perché alla scomparsa del padroncino l'adorato essere peloso non debba avere il diritto di percepire la pensione di reversibilità".

Immigrazione e invasione
"La società cambia, e così la cultura, ma ogni popolazione ha il sacrosanto diritto, ed anche il dovere, di proteggere le proprie origini e le proprie tradizioni da derive e da tangenti che le snaturerebbero…Nulla contro gli Abu Bakr, i Gengis Kan, i Ming, i Musashima la loro anima non la sento pulsare nel mio petto come quella dei nostri eroi. Spetta a chi abbraccia per scelta la cittadinanza italiana farsi contagiare e permeare dalla cultura del Paese ospitante e non il contrario. Lo straniero che non si integra nel tessuto della terra che lo accoglie non è più un immigrato ma diventa un invasore. E così, proprio per il rispetto delle altrui civiltà, a casa propria tutti hanno il diritto di esercitare la propria cultura d'appartenenza ma a casa mia – perché questa è casa mia e non la terra della popolazione mondiale – ti devi adeguare alla mia di cultura".

E poi ancora
"i tratti somatici di Paola Egonu, anche se è italiana di cittadinanza, non rappresentano l'italianità",
"Nelle mie vene una goccia del sangue di Enea, Romolo, Giulio cesare, Mazzini e Garibaldi".

In pratica – se la prende con tutti: immigrati, omosessuali, femministe, ambientalisti e con quella che chiama la "dittatura delle minoranze". E prevalgono in lui i concetti di normalità, di tolleranza zero, della legittima difesa, della famiglia, della società.
Singolari anche le sue dichiarazioni sulla disabilità e sulla volontà di creare classi separate per i disabili. Secondo quanto da lui dichiarato la scuola dovrebbe essere come lo sport, dove si mettono insieme le persone con prestazioni simili, tenendo comunque a precisare che il suo non è un atteggiamento discriminatorio.
Personalmente sono in totale disaccordo con il Generale, perché se è vero che nello sport non è possibile fare gareggiare assieme un portatore di handicap con un normodotato, questa regola non vale assolutamente per la scuola. Non è possibile escludere dalle classi di ragazzi normali chi è affetto da una disabilità perché si creerebbe una forte discriminazione che "puzza" di razzismo. I ragazzi normodotati e con disabilità devono condividere le classi e dialogare tra loro, perché gli uni non devono escludere gli altri, che al contrario devono socializzare.
Questa becera teoria del generale mi riporta nell'antica Sparta dove i neonati non perfettamente sani venivano buttati dall'alto di una rupe e uccisi.
No, non è proprio possibile creare questo genere di disparità tra ragazzi. E poi per quelli che sono affetti da un handicap più serio vi provvede già la scuola che mette a loro disposizione insegnanti di sostegno.

VENTESIMO CAPITOLO
Il pensiero dell'autore

Riflessioni

Ogni forma di odio e discriminazione, di razzismo e antisemitismo sono il male assoluto e vanno combattuti con sistemi democratici, mai con la violenza perché la violenza genera altra violenza e diventa come un cane che si morde la coda. La pace è la sola fonte di speranza e gli uomini devono prendere consapevolezza di ciò. Il male porta altro male, così come la vendetta genera altra vendetta. Saggezza, perdono e misericordia sono le armi del vivere civile. Così come la giustizia in terra per i soprusi subiti. Nelle vene degli uomini scorre lo stesso sangue e la vita di un essere umano è preziosa. Il potere logora le menti e le rende malvage, così come ogni indiscriminata forma di arricchimento. Che ti schiavizza, fino a volere sempre e sempre di più, e a farti ammalare di avarizia, quando invece nel mondo milioni di persone, donne, vecchi, bambini, muoiono per fame. Perché affidarsi soltanto alle opere caritatevoli delle varie chiese e/o varie associazioni umanitarie esistenti in tutto il globo terrestre, per contrastare la fame nel mondo, quando invece sarebbero, forse, sufficienti a sconfiggerla, semplicemente le immense ricchezze possedute da pochi e avidi uomini?

Il tema del libro

Ma adesso, ricollegandomi al tema del libro e a quanto è stato scritto finora, vorrei soffermarmi e esprimere il mio disinteressato pensiero sulle vicende politiche che hanno caratterizzato il nostro Paese dalla nascita del fascismo ai giorni nostri. Il fascismo delle origini non è stato un male assoluto. Lo è diventato in seguito e a dargli il colpo di grazia è stata l'alleanza di Mussolini con la Germania nazista, una nazione che privilegiava la razza, cosiddetta "Ariana" a discapito delle altre, e che era bramosa e desiderosa di occupare e sottomettere con la forza e la violenza altri popoli. Bramosia e sete di potere e chissà, forse anche paura di subire la stessa sorte di questi popoli, indussero e convinsero Mussolini ad allearsi col potente Hitler e poi, per compiacerlo, ad approvare le leggi razziali contro il popolo ebraico, infliggendogli le sofferenze di cui tutti sappiamo.
Ma questa alleanza determinò l'entrata in guerra del nostro Paese contro le cosiddette Nazioni Alleate, fino alla disfatta totale, e alla resa con l'Armistizio dichiarato dell'8 settembre 1943.

Da questo momento in Italia, con i tedeschi in casa nostra, iniziò la vera sciagura. Una lotta fratricida, una guerra civile, che vide opposti, da una parte i nazi-fascisti e dall'altra i partigiani e **i** civili che non avevano aderito alla repubblica sociale. In questo contesto la gloriosa Decima Mas si schierò dalla parte dei nazi-fascisti macchiandosi di crimini efferati. Migliaia furono le stragi (5892 eccidi accertati) che patirono partigiani e civili e in risposta a questa vera e propria mattanza, tra il 1944 e il 1945, anche a guerra finita, i partigiani si vendicarono dei torti subiti facendo a loro volta stragi di fascisti adottando la stessa violenza. In questo libro, nel settimo capitolo, ho inteso riportare le stragi più eclatanti commesse dai partigiani contro i fascisti o ritenuti tali o persone che nulla avevano a che fare con il fascismo. Non intendo giustificare le stragi dei partigiani e l'efferatezza con la quale furono compiute. Non venne posta l'altra guancia secondo il detto di Gesù riportato dal "Vangelo secondo Matteo e dal Vangelo secondo Luca", ma prevalse il biblico e proverbiale detto "occhio per occhio, dente per dente". Ma la rabbia e la voglia di vendetta per i continui ed efferati eccidi subiti dai fascisti, portarono i partigiani a compiere analoghi ed efferati crimini contro i fascisti, dimostrando anche loro di non avere pietà per le vittime.
Il fascismo è nato oltre un secolo fa (1919) con Mussolini ed è morto e sepolto nel 1945 con la fine della seconda guerra mondiale. Ma ancora oggi non si fa altro che parlare di fascismo e lo si fa con una certa frequenza anche nei talk show televisivi, Se ne parla con più frequenza da quando è salito al potere l'attuale governo presieduto dalla premier Giorgia Meloni, fondatrice assieme a Ignazio La Russa e Guido Crosetto del partito politico di destra radicale "Fratelli d'Italia".
Se ne parla fino alla nausea e qualcuno della sinistra o della sinistra estrema, molto convintamente definisce questo attuale governo, come governo fascista o con idee fasciste, ma dimentica che la coalizione che lo compone è una coalizione composta da liberali (Forza Italia, Noi Moderati) e antifascisti dichiarati (Lega).
Il mio parere, che è il parere di un antifascista convinto, di un antifascista che ama e ascolta volentieri e fino a commuoversi la canzone "Bella Ciao", specialmente la versione suonata e cantata dai Modena City Ramblers, è che certa sinistra stia un po' esagerando

nel sostenere queste sue assurde convinzioni, verosimilmente dettate più dalla voglia di portare ombre fasciste su questo governo e screditarlo politicamente, anche a livello internazionale, che dal vero e reale convincimento che sia fascista per davvero.
Il fascismo è un'altra cosa e i fatti ce lo hanno dimostrato e la Meloni di oggi, fascista non lo è affatto.
Il pensiero conservatore o l'ideologia conservatrice non è affatto sufficiente a stabilire che di fascismo si tratta.
Grazie a Dio, da quando si è insediato sono già trascorsi due anni e personalmente non vedo nessuna differenza rispetto ai governi, quasi tutti di sinistra, che lo hanno preceduto.
Non vi è stata nessuna restrizione delle libertà personali.

I quotidiani

I quotidiani, di destra e di sinistra, continuano a scrivere così come hanno sempre fatto e la loro libertà di pensiero, di espressione e di parola non è stata ancora violata.
Non vedo all'orizzonte nessuna deriva autoritaria fascista o poliziesca.

Le squadracce fasciste

Non vedo in giro per il Paese squadracce fasciste con manganelli o altri oggetti contundenti pronti a picchiare chi si è dichiarato manifestatamente contro il pensiero politico di questo governo.

I ricchi e poveri

I ricchi continuano a essere ricchi e i poveri continuano a essere poveri.

La magistratura italiana

La magistratura continua ad essere sempre una casta di intoccabili anche quando adotta provvedimenti sbagliati.

Gli sbarchi di extracomunitari

Gli sbarchi di poveri e disperati immigrati continuano senza sosta, anzi sono aumentati a dismisura e senza nessun controllo e nessuna imbarcazione è stata mai presa a cannonate, così come non è stato mai applicato il blocco navale di cui tanto ha parlato la Meloni in campagna elettorale.

Gli scioperi

Gli scioperi sono all'ordine del giorno e spesso durante le manifestazioni violente a farne le spese sono le Forze dell'Ordine. E guai se qualcuno di loro eccede nella difesa perché si scatena subito il finimondo e si continua a parlare di repressione poliziesca.

Le Forze dell'Ordine

Quando a picchiare, a provocare, a sputare, a offendere e così via facendo sono i manifestanti, peggio ancora se sono studenti indifesi, va tutto bene perché questa è democrazia e il diritto allo sciopero è sacro. Quando le Forze dell'Ordine impiegate affinché non accadano disordini intervengono proteggendosi con gli scudi utilizzando nei casi estremi lo sfollagente (strumento fabbricato totalmente in gomma dura o in alluminio rivestito in gomma), spesso confuso con il manganello (strumento coattivo e antisommossa prodotto con qualsiasi materiale), le critiche e le accuse di violenza contro le Forze dell'Ordine si sprecano fino a farle annichilire.
E poi arriva l'ordine di difendersi soltanto con gli scudi e di evitare di usare lo sfollagente per non urtare la sensibilità di chi si scaglia sempre contro l'operato delle Forze di Polizia!!
E rieccoci ancora con il fascismo e l'antisemitismo o con "l'idolatria" di Hitler e Mussolini. A scatenare le polemiche questa volta, ma a giusta ragione, è stata l'inchiesta "segreta" di Fanpage sul movimento giovanile di Fratelli d'Italia attraverso la diffusione di alcuni video "rubati" molto compromettenti.

Anomalie o pensiero ideologico?

Il movimento giovanile di Fratelli d'Italia:

Razzisti, antisemiti e nostalgici incompatibili con il partito di Fratelli d'Italia. Queste sono le dichiarazioni della premier Giorgia Meloni rilasciate direttamente dal Parlamento Europeo la notte del 28 giugno 2024 in risposta all'inchiesta (con telecamere nascoste) di Fanpage sui militanti di Gioventù nazionale, il movimento giovanile di Fratelli d'Italia. Immagini e audio rubati diffusi a Roma ieri sera 27 giugno, si concentrano in particolare su elementi di spicco del movimento giovanile e c'è chi parla di **"ebrei che campano di rendita sull'Olocausto"**, militanti che inneggiano a **"zio Benito"**, battute al veleno contro Ilaria Salis. Frasi che stridono con l'accoglienza calorosa che Gioventù nazionale ha riservato alla senatrice di FdI Ester Mieli, a sua volta bersaglio di parole antisemite, testimoniate nell'inchiesta. E ancora **"Non ho mai smesso di essere razzista e fascista", "Ilaria Salis deve marcire in galera con i topi e i ratti che le mangiano i piedi", "Insulti antisemiti, razzisti, saluti romani ed esaltazione del nazismo".**
Che dire? Questi giovani forse non sanno quello che dicono perché evidentemente non conoscono bene la storia. Ignorano che cosa è stato nella realtà il nazismo e il fascismo. Forse, fra qualche anno, quando diventeranno più adulti e prenderanno coscienza di cosa è stato l'olocausto e chi sono stati Hitler e Mussolini, cambieranno idea, si spera!!

E comunque, così come dichiarato dalla stessa premier Giorgia Meloni, hanno sbagliato casa e non rappresentano i valori di democrazia su cui si fonda l'ideologia politica del suo partito. Ma sull'inchiesta di Fanpage, Giorgia Meloni, che ne ha criticato i metodi, ha anche detto che **"infiltrarsi nelle riunioni dei partiti politici è da regime. E' consentito? Lo chiedo ai partiti politici e anche al presidente della Repubblica".**

La 93enne senatrice Liliana Segre

"Dovrei essere cacciata ancora dal mio Paese?". La senatrice a vita interviene sulle polemiche derivanti dall'inchiesta sul movimento giovanile di Fratelli d'Italia. **"Alla mia età dovrò essere cacciata**

dal mio paese come sono già stata cacciata una volta?". Liliana Segre, monumento vivente e testimone dell'orrore della Shoah, il 30 gennaio 1944 venne deportata dal binario 21 della stazione di Milano Centrale al campo di concentramento di Auschwitz-Birkenau, che raggiunse dopo sette giorni di viaggio. Venne subito separata dal padre, che non rivide mai più e che poi morì il 27 aprile 1944. Liliana Segre aveva appena 13 anni. A "In Onda su La 7" parla dell'inchiesta di Fanpage su Gioventù nazionale, che ha portato alla luce estremismi e forme di antisemitismo nelle file del movimento giovanile di FdI. La senatrice a vita Segre si dice convinta **"queste derive che sono venute fuori in questa ultima settimana in modo eclatante ci sono sempre state. Nascoste, non esibite, ma ci sono sempre state".** La differenza, rispetto al passato, spiega, è che **"con questo governo si approfitta di questo potere grande della destra, che del resto è stata votata ed è andata al governo, non è che sia rivoluzionaria, e non ci si vergogna più di nulla".** Il deputato Giovanni Donzelli, responsabile organizzazione di Fratelli d'Italia, non lesina critiche: definisce **"inaccettabili** – nonostante le modalità con cui sono state carpite e divulgate – le frasi che si sentono nei filmati (...) che riprendono militanti del nostro partito usare un linguaggio incompatibile con i valori di riferimento del nostro movimento politico". E ancora Donzelli, che fa eco alle dichiarazioni della Meloni scrive in una nota: **"Non ci risulta che ad altre formazioni politiche, precedentemente toccate dalle loro inchieste, sia stato riservato lo stesso trattamento. Nessun altro è stato spiato con simili modalità per mesi e mesi da un soggetto che si è nascosto dietro false generalità e che ha conquistato con l'inganno la fiducia di minorenni e ventenni. La stragrande maggioranza dei giovani spiati non ha alcun ruolo: non sono quindi soggetti di pubblico interesse. Sono stati lo stesso osservati e ripresi riprendendoli a loro insaputa, anche al di fuori dell'attività politica, per poi darli in pasto alla gogna dei media e all'odio dei social. Quello che è accaduto con Gioventù nazionale è una cosa che non ha precedenti".**

Per la segretaria del Pd Elly Schlein, il merito della questione che emerge dall'inchiesta di Fanpage sui giovani di FdI **"va affrontato". "Trovo molto grave che anziché affrontare il merito che emerge da quella inchiesta si sia trovata un'ulteriore occasione di rinnovare un attacco alla libertà di stampa e al diritto di informazione dei cittadini".**

Si va bene, va tutto bene, però, alla Schlein vorrei porre questa domanda:" **E se questa inchiesta di Fanpage a telecamere nascoste, durata così come si dice almeno 9 mesi, fosse stata fatta all'interno di un qualsiasi movimento della sinistra e fossero emerse situazioni scabrose, come ad esempio delle frasi antisemite o altro del genere, lei avrebbe accettato la gogna mediatica porgendo anche l'altra guancia, oppure avrebbe criticato l'operato della testata giornalistica?** Ma probabilmente non avremo mai la risposta a questa domanda!!

Comunque, fermo restando che quelle video registrazioni, all'incirca di una decina di minuti, sono certamente di una gravità inaudita, mi piacerebbe conoscere cos'altro contengono tutte le altre video registrazioni fatte nel corso dei 9 mesi dell'inchiesta!! E poi, in risposta alle parole di Donzelli, anche se la stragrande maggioranza dei giovani del movimento giovanile spiati non ha nessun ruolo e non ricopre quindi cariche pubbliche, la Meloni dal mio punto di vista farebbe bene oltre che a prendere le distanze, così come ha già fatto, anche a preoccuparsi e a correre ai ripari, perché le nefandezze che si ascoltano nel video fanno accattonare la pelle e potrebbero in futuro rivelarsi negative per la stessa credibilità, pure a livello internazionale, del suo partito. Ad esempio i conservatori moderati per evitare di essere etichettati come "fascisti" potrebbero prendere le distanze e spostarsi in partiti liberali (Forza Italia, Noi Moderati, Italia Viva, Azione, ecc.).

Antisemitismo trasversale

Ma il problema dell'antisemitismo a quante pare esiste e serpeggia con notevole vigore anche nelle fila della sinistra estrema, dei centri sociali e degli ambienti universitari ed è emerso in maniera chiara e tangibile durante le numerose manifestazioni studentesche e le occupazioni di alcune università pro-Palestina. Lo slogan urlato e ripetuto dai manifestanti "Free, free Palestine", che chiedono lo stop immediato dei bombardamenti israeliani su Gaza, sembra ignorare l'ignobile attacco di Hamas in territorio israeliano che è costato la vita a circa 1400 persone tra giovani di ambo i sessi, vecchi e bambini e il sequestro di altre centinaia di persone inermi, molte delle quali ancora sono tenute in ostaggio e molte altre morte ammazzate anche sotto i colpi delle bombe israeliane.

E ogni critica alla reazione israeliana viene bollata come "antisemitismo". Tuttavia occorre precisare che la maggior parte delle critiche è diretta contro l'azione del governo Netanyahu, non certo contro la religione ebraica, tant'è che molti ebrei, anche ortodossi, si sono schierati contro le sue scelte. Per quanto scriteriatamente vergognoso, il bombardamento di Gaza, ancora in atto, con più di 40 mila morti destinati purtroppo ad aumentare, appare più come un'azione territoriale, in cui le vittime vengono cinicamente considerate danni collaterali, senza addurre alcuna teoria sul popolo palestinese. Anche perché significherebbe riconoscerne l'esistenza. Personalmente spero e mi auguro con tutto il cuore che questa mattanza finisca al più presto, che gli ostaggi israeliani ancora in vita vengano liberati e che si possa finalmente costruire una pace definitiva con la creazione del tanto sospirato Stato di Palestina e che si avveri il tanto decantato motto "Due Popoli, Due Stati". Perché ad oggi, diciamolo chiaramente, a soffrire più di tutti è stato e continua ad essere il popolo palestinese.

Il nuovo cavallo di battaglia della sinistra

Ilaria Salis

Ilaria Salis, neo eletta al Parlamento Europeo nelle liste di Alleanza Verdi e Sinistra (Avs), non è certamente una santa, ma vederla con le catene ai piedi e alle mani in un'aula di tribunale, in Ungheria, uno Stato che fa parte dell'Unione Europea, è stato uno spettacolo barbaro e non degno di un Paese civile che fa parte dell'Unione Europea. Ciò a prescindere dalle accuse mosse contro di lei dalla magistratura ungherese. Ma è ancora più sconcertante che sia stata ristretta in quelle carceri per oltre un anno senza che le sia stata mai inflitta una condanna definitiva. Tuttavia, non credo che il sistema giudiziario ungherese sia peggiore di quello italiano, dal momento che nel nostro civilissimo Paese, in materia di libertà personali, accadono cose peggiori. E sfido chiunque a sostenere il contrario!!
Invece, per quanto riguarda il vizietto delle occupazioni abusive di case "popolari" e il debito maturato dalla Salis, di cui tanto si parla in questi giorni, mi astengo dal fornire qualsiasi commento, anche perché credo ci sia molto poco da aggiungere dal momento che non stiamo parlando di una persona "indigente", ma della classica "radical chic" figlia di papà!! Quindi è giusto che adesso paghi il debito maturato "senza se e senza ma", e che il partito politico che l'ha candidata facendola eleggere al Parlamento Europeo abbia quantomeno la dignità di non remare controsenso.

Ma come spesso accade in questi casi l'occupazione abusiva della Salis, di cui si parla quasi quotidianamente nei vari Tolk Show confrontandola al generale Vannacci, oggi è diventato ancor di più terreno di battaglia e di lotta di una certa sinistra e soprattutto del partito di cui fa parte la Salis, per sensibilizzare l'opinione pubblica sulla cattiva gestione delle case popolari da parte degli enti preposti e sulle circa 100 mila unità abitative ancora non assegnate agli aventi diritto. E la Salis, infatti, non si sente affatto di doversi difendere per la sua posizione tenuta in quanto ritiene che i movimenti per la casa "cerchino di rispondere ad un problema cui le istituzioni non sono in grado di rispondere". E poi – diciamolo – sostiene la Salis "non sempre ciò che è giusto corrisponde a ciò che è legale". Anche se basterebbe semplicemente, come aggiunge lei stessa, che i parlamentari modifichino "le leggi e magari leggi non giuste". Per la Salis, l'occupazione abusiva delle case popolari, stando alle sue dichiarazioni pubbliche da quando è stata eletta al parlamento europeo non è altro che un concetto di "disobbedienza civile". Insomma, diciamocelo chiaramente chi è realmente Ilaria Salis, colei che picchierebbe neo nazisti? Forse è la nuova Robin Hood in gonnella che ruba ai ricchi per dare ai poveri? Se così fosse ben venga la Salis!!

Che altro aggiungere sul Generale Roberto Vannacci e sulle sue idee?

Il Ministro della Difesa Guido Crosetto, di Fratelli d'Italia, ha definito **"Farneticazioni"** le affermazioni fatte dal Generale Vannacci nel suo libro dal titolo **"Il Mondo al Contrario".** Probabilmente avrà avuto le sue ragioni. Ma è innegabile che milioni di italiani hanno appieno condiviso quelle frasi. Verosimilmente, se il Generale non fosse stato un generale, e quindi un uomo delle istituzioni, ma un uomo qualunque come ad esempio un imprenditore, un artigiano, un commercialista, un medico, un idraulico, un falegname e così via, quelle frasi non avrebbero attirato l'attenzione di nessuno, tantomeno dei media, anche perché sono luoghi comuni e se ne parla ovunque. Il Generale ha avuto il coraggio di interpretare il pensiero della stragrande maggioranza degli italiani colpendo nel segno e scatenando la bagarre politica.

Personalmente rispetto il suo pensiero e le sue idee, ma quando dice che gli omosessuali non sono normali e se ne devono fare una ragione non posso fare altro che dissentire. Non sono d'accordo con lui. Dal mio punto di vista sono persone normali che hanno tendenze sessuali diverse, così come le lesbiche e non per questo vanno condannati. Mi trova d'accordo sul concetto di famiglia. La famiglia è quella tradizionale padre, madre e figli.

Le coppie e gli omosessuali in genere non vanno assolutamente discriminate e a mio avviso devono poter vivere la loro vita nella normalità più assoluta, perché come ho già detto, e lo dico da eterosessuale, sono persone normali con tendenze sessuali diverse. E sul punto che riguarda le sfilate dei Gay Pride, secondo il mio parere prettamente personale devo dire che non sono altro che delle manifestazioni folcloristiche prive di freni inibitori dove queste persone si mostrano pubblicamente per quello che sono. E poi, diciamocelo chiaramente, forse sono dei criminali? Sono dei violenti? Creano disordini? Nulla di tutto ciò. E quindi perché non devono poter vivere la loro esistenza come meglio credono? Chi siamo noi per giudicarli e criticarli? Siamo in democrazia e quindi è giusto che possano e debbano manifestarsi pubblicamente senza che ci sia il cretino di turno o il violento che li prenda a male parole o nella peggiore delle ipotesi a bastonate. Ecco, queste sono piuttosto le persone che in una società civile e democratica andrebbero allontanate e punite.

Condivido la teoria della legittima difesa e la tolleranza zero su chi si macchia di delitti efferati, così come non sono d'accordo che una persona che è stata aggredita a casa sua da malviventi, magari nel pieno della notte, e si sia difesa cagionando proporzionalmente all'offesa subita, la morte o il ferimento dell'aggressore debba categoricamente e sistematicamente subire le assurde inchieste della magistratura che si avvale sempre della formula **"Un atto dovuto"** facendo diventare, il più delle volte, la vittima un carnefice e il carnefice una vittima da risarcire. Una vera anomalia italiana!!

La mia opinione è che si va sempre a quella lacerante ricerca del pelo nell'uovo per verificare con eccessiva e tirannica scrupolosità se vi siano state le condizioni di legittima difesa – ma viene sistematicamente non considerato fino in fondo e così come dovrebbe essere - che l'aggredito magari si sia difeso reagendo per paura ad una imprevista azione criminale e violenta che avrebbe potuto cagionargli anche la morte.

O che lo abbia fatto, oltre che per difendere se stesso, anche per proteggere i familiari che in quel frangente si trovavano a casa.
Insomma, guai a quei poveretti che loro malgrado, si siano venuti a trovare a vivere simili situazioni. Perché oltre alla beffa e al danno subito dovranno affrontare anche anni e anni di indagini e processi per colpa di magistrati zelanti e poco pratici.
E che dire poi della divisione delle carriere dei magistrati sulla base della distinzione tra funzioni giudicanti e requirenti.
Ci sono magistrati che lavorano anni per costruire castelli accusatori in qualità di PM e poi, d'un tratto, diventano giudici.
Con un Si verrà chiesta la separazione delle carriere per garantire a tutti un giudice che sia veramente "terzo" e trasparenza nei ruoli. Il magistrato dovrà scegliere all'inizio della carriera la funzione giudicante o requirente, per poi mantenere quel ruolo durante tutta la vita professionale. Basta con le "porte girevoli", basta con i conflitti di interesse che spesso hanno dato luogo a vere e proprie persecuzioni contro cittadini innocenti.
Oggi tra i magistrati che accusano e quelli che giudicano non c'è nessuna differenza. Nel corso della carriera, gli stessi magistrati passano più volte dalle funzioni giudicanti a quelle requirenti e viceversa. Si alternano nelle diverse funzioni. E' capitato che lo facessero anche nel corso dello stesso processo.
Questa contiguità tra il pubblico ministero e il giudice contraddice l'idea che l'attività della parte che accusa (PM) debba restare distinta da quella di chi giudica. Essa crea uno spirito corporativo tra le due figure e compromette un sano e fisiologico antagonismo tra poteri, vero presidio di efficienza e di equilibrio del sistema democratico.
Nelle grandi democrazie i PM hanno carriere nettamente separate da quelle dei giudici.
Se vince il Si, il magistrato dovrà scegliere all'inizio della carriera la funzione giudicante o requirente, per poi mantenere quel ruolo durante tutta la vita professionale.
Da sempre, la riforma costituzionale della giustizia – che porta la firma della premier Giorgia Meloni e del Guardasigilli Carlo Nordio – cui un Consiglio ministri con una riunione lampo durata venti minuti ha dato il via libera (disegno di legge costituzionale in materia di ordinamento giurisdizionale e di istituzione della Corte disciplinare in otto articoli) è stato il "piatto forte" e il "cavallo di battaglia" di Forza Italia, già ai tempi della leadership di Silvio Berlusconi.

Contraria a questa soluzione è invece l'Anm, il sindacato delle toghe, che ha confermato la sua contrarietà anche al recente congresso di Catania e dopo l'incontro a via Arenula con il Guardasigilli Carlo Nordio.
Sulla riforma la premier Giorgia Meloni, in un videomessaggio diffuso sui social, ha spiegato che – la separazione delle carriere tra giudici e pubblici ministeri – serve a differenziare finalmente il percorso di chi è chiamato a giudicare i cittadini da quello di chi ha l'incarico di muovere le accuse, e rendere così più equilibrato il rapporto tra difesa e accusa nel corso del processo.
La seconda novità – ha sottolineato la Meloni – riguarda la modalità di selezione dei componenti del Consiglio superiore della magistratura, cioè dell'organo di autogoverno della giustizia, quello che decide i concorsi, le carriere, i trasferimenti e fino a oggi le condotte disciplinari dei giudici, perché l'attuale meccanismo di composizione del Csm ha purtroppo creato un sistema dominato dalle correnti della magistratura, che ne ha minato la percezione di indipendenza e ha penalizzato quella stragrande maggioranza di magistrati che vogliono solo fare bene il loro lavoro, senza per questo doversi piegare alla logica delle dinamiche politiche o correntizie. Per rompere il meccanismo delle correnti – ha sottolineato dunque la presidente del Consiglio – prevediamo che i componenti del Csm vengano selezionati per sorteggio, con modalità che saranno stabilite dalla legge.
Infine il terzo e ultimo cambiamento – ha precisato la premier – riguarda la costituzione di un nuovo organismo indipendente: l'alta Corte disciplinare, che avrà il compito di esprimersi sugli illeciti dei magistrati, sottraendo questa attività al Csm in modo da superare la criticità registrata finora di un sistema, anche qui, condizionato dal correntismo, e che quindi tende a non sanzionare mai neppure le violazioni più grosse.
Per il Ministro Nordio, ex magistrato, con la riforma si interrompe la degenerazione correntizia e il PM resterà indipendente dall'esecutivo.
Per Magistratura democratica la separazione delle carriere mette a rischio l'indipendenza del pubblico ministero, perché la riforma è contraria ai principi affermati in ambito europeo che incoraggiano l'autonomia del pubblico ministero come presupposto dell'indipendenza di tutto il potere giudiziario, per una giustizia equa, imparziale ed efficiente.

Un corpo separato di pubblici ministeri, addetto all'esercizio dell'azione penale e alla direzione della polizia giudiziaria, ma che non fa più parte della giurisdizio e riforma della giustiziane e risponde solo a se stesso, è destinato inevitabilmente a perdere la propria indipendenza dal potere esecutivo.
Il tema relativo alla separazione delle carriere dei magistrati è motivo di un nuovo scontro tra il Pd e il governo. A rappresentare il diverso punto di vista sulla questione, la Segretaria dem Elly Schlein. La Schlein ha confermato la contrarietà del suo partito alla separazione delle carriere in quanto non inciderebbe sui problemi reali del sistema della giustizia sottomettendo i pm al potere esecutivo: "In nessun modo possiamo rinunciare all'obbligatorietà dell'azione penale", ha detto, accusando inoltre il governo di essere "insofferente verso l'attuale assetto istituzionale, soprattutto per quanto riguarda il riequilibrio tra poteri". Nel mirino della Segretaria tre progetti della maggioranza (autonomia differenziata, premierato e riforma della giustizia) che "scardinano l'assetto costituzionale vigente".

Ma questa riforma si farà per davvero?

A metterlo in dubbio Enrico Costa di Azione. Secondo quanto dichiarato dal responsabile giustizia di Azione Enrico Costa (che per primo ha presentato una proposta di legge sulla separazione delle carriere) al congresso dell'Anm tenutosi a Palermo recentemente, dove ci sono stati diversi interventi politici (Matteo Renzi, Elly Schlein), questa riforma non si farà mai. Il governo non la vuole fare, sono solo effetti speciali per farlo credere ai loro elettori. Ma chiunque conosca i tempi parlamentari sa che non si farà assolutamente nulla. E poi un appello:" Sarebbe un bel segnale se l'Anm prendesse le distanze da quei magistrati che descrivono le proposte garantiste come assist alla criminalità. Il diritto di difesa, la presunzione di innocenza, il giusto processo sono principi costituzionali che vanno attuati. Ed è quello che facciamo ogni giorno con le nostre proposte".
Era molto atteso l'intervento del leader di Italia Viva, Matteo Renzi che subito ha accusato l'Esecutivo "Sono imbarazzato da un metodo di questo governo, che è il metodo di chi scambia gli annunci con le riforme e Twitter con la Gazzetta ufficiale.

Dopo due anni il governo non ha portato a casa una sola riforma". Ha poi aggiunto:" Da Presidente del Consiglio non avevo fino in fondo, come ho capito da indagato e familiare di persone sottoposte a indagini, quanto sia pesante l'intrusione, del tutto legittima, nella vita privata delle persone".
Ha poi ammesso: "Nella guerra dei trent'anni tra giudici e politica tutti abbiamo perso qualcosa e la prima responsabilità è della politica mediocre e vigliacca". Renzi ha parlato del rapporto "malato che certi magistrati, certi politici, hanno con alcune redazioni di giornali. L'esasperazione del rapporto tra magistratura, politica e giornalismo crea un corto circuito". Poi un riferimento a Piercamillo Davigo. "Di comunicati contro di me ne ho contati tanti. Ne ho contati meno invece contro chi ha attaccato i magistrati. Renzi l'avete criticato, ma quando l'ex presidente dell'Anm, presente in tutte le tv, dopo aver dato lezioni di giustizialismo, è stato condannato in primo e secondo grado, non ho letto parole di solidarietà verso chi l'aveva condannato". E rispondendo ai cronisti ha concluso:"Tante persone soffrono oggi per la giustizia ingiusta, occupiamoci di loro. Diamo il diritto alle persone di avere un processo giusto. Ogni giorno tre cittadini innocenti finiscono in carcere. Il tema è la giustizia giusta che riguarda i cittadini e non noi politici o i magistrati".

Le tappe della riforma

Trattandosi di una legge di modifica della Costituzione il testo ha bisogno di essere approvato da ciascuna Camera con due successive deliberazioni a un intervallo di almeno tre mesi. La riforma potrà dirsi approvata se nella seconda votazione entrambe le Camere approvano la legge con una maggioranza dei due terzi dei rispettivi componenti. Se il ddl non raggiungerà questi numeri, la legge sarà sottoposta a un referendum popolare che – secondo gli annunci del governo Meloni – sarà distinto dall'eventuale tornata referendaria sul premierato.
Se si dovesse aprire lo scenario del referendum per la riforma della Giustizia questo andrà fatto entro tre mesi dalla pubblicazione della legge, da parte di un quinto dei membri di una Camera, 500mila elettori o cinque consigli regionali. Molto probabilmente, dunque la riforma non sarà approvata prima del 2026. Ma per il sottosegretario alla presidenza Alfredo Mantovano "non è comunque così certo che si arrivi al referendum".

Riforma del premierato e autonomia differenziata

Nelle recenti sedute parlamentari, il Senato e la Camera dei Deputati hanno compiuto passi significativi verso la riforma del sistema di governo italiano. Il Senato ha approvato in prima deliberazione il disegno di legge costituzionale n.935, che prevede l'elezione diretta del Presidente del Consiglio e altre modifiche costituzionali per rafforzare la stabilità del governo. Parallelamente, la Camera dei Deputati ha approvato in via definitiva il disegno di legge sull'autonomia differenziata, conferendo maggiori poteri alle Regioni. Questi sviluppi segnano un momento cruciale per il futuro assetto istituzionale del Paese, suscitando reazioni contrastanti tra maggioranza e opposizione.

Ma vediamo in concreto cosa comporta la riforma del premierato e dell'autonomia differenziata:

Premierato

Il Presidente del Consiglio sarà eletto a suffragio universale e diretto per cinque anni, con le votazioni che avverranno contemporaneamente a quelle delle due Camere. La Legge elettorale garantirà che la coalizione vincente ottenga il 55% dei seggi in ciascuna Camera.

Il Presidente del Consiglio, una volta eletto, avrà la stabilità garantita dal voto popolare. In caso di mancata fiducia da parte delle Camere, il Presidente della Repubblica potrà confermare l'incarico al Presidente eletto o sciogliere le Camere.

Viene eliminata la possibilità per il Presidente della Repubblica di nominare senatori a vita.

Autonomia differenziata

La Legge mira a concedere maggiori poteri e autonomia alle Regioni a statuto ordinario che ne faranno richiesta. Le competenze trasferite dallo Stato centrale alle Regioni riguardano ambiti chiave come il commercio estero, l'energia, i trasporti, l'istruzione, l'ambiente e la cultura.

Le opposizioni

Il Partito Democratico e il Movimento 5 Stelle hanno annunciato una campagna referendaria contro la legge, definendola "spacca – Italia" e sostenendo che aumenterà le disuguaglianze tra le regioni. La deputata di Italia Viva Maria Elena Boschi e il deputato dei Verdi e sinistra Angelo Bonelli hanno criticato duramente il disegno di legge, sottolineando l'atteggiamento arrogante della maggioranza durante l'approvazione notturna.

Una breve analisi elementare dell'autore

Ad occhio mi viene subito da pensare che i partiti che costituiscono la maggioranza abbiano deciso di farsi un regalino. Io do una cosa a te e tu dai una cosa a me. Per carità nulla di trascendentale o di scabroso anche perché nei loro programmi elettorali tutto ciò era previsto. E se i lettori hanno espresso il loro voto a favore di questi partiti di centro destra, che oggi governano grazie alla volontà democratica, erano ben consapevoli delle riforme che avrebbero portato all'attenzione del Parlamento, evidentemente condividendole. Quindi non ci si deve scandalizzare se Fratelli d'Italia vuole il premierato, così come non bisogna scandalizzarsi se la Lega vuole l'economia differenziata delle regioni e Forza Italia la divisione delle carriere dei magistrati, perché da sempre sono stati il loro cavallo di battaglia. Se tutto ciò sia un bene o un male, se ne può parlare e discutere, ma certamente non si può dire o sostenere che si tratti di un vero attacco alla Democrazia o alla Costituzione. Se le tre riforme verranno definitivamente approvate e diventeranno legge non saranno altro che il frutto partorito dalla maggioranza della volontà popolare e solo col tempo potremo giudicarle favorevolmente o sfavorevolmente. Tuttavia, però, non dobbiamo non tener conto che almeno il 50% degli italiani negli ultimi anni ha manifestato sempre un totale disinteresse al voto politico e questo dovrebbe far riflettere la classe dirigenziale politica italiana.
Quindi, l'interrogativo che dobbiamo porci tutti e non solo i partiti politici, è perché già da molti anni sta venendo sempre meno la partecipazione popolare al voto degli italiani e quale dovrebbe essere la cura per convincerli a votare dal momento che la libera espressione del voto è un dovere civico? "Mi preoccupa che la gente non va più a votare" "L'indifferenza è un cancro per la democrazia"

ha detto Papa Francesco a Trieste in occasione della conclusione dei lavori della 50esima settimana sociale dei cattolici inaugurata dal presidente Mattarella il 3 luglio scorso. “Servono scelte coraggiose”, questo il messaggio del Pontefice riferito alle sfide della democrazia. Ma i partiti sembrano ignorare o quasi del tutto (sta bene Rocco, sta bene tutta la rocca) questa triste realtà e non fanno assolutamente nulla di concreto e di convincente affinché possa esserci un decisivo e tangibile cambio di tendenza – come se il perdurare di tale situazione – nella realtà li favorisse in qualche modo. Ecco, personalmente, di fronte ad una anomalia del genere, che evidenzia il disamore degli italiani verso la politica dovrebbe farci seriamente riflettere tutti.

Credo che sia arrivato il momento di smetterla una volta per tutte di ripetere sempre la stessa litania del fascista e dell’antifascista, perché in fondo per certi versi siamo tutti fascisti e antifascisti, conservatori e progressisti, razzisti e antirazzisti a seconda delle varie situazioni.

E poi, ma questa è la mia opinione personale, occorre dire che pur percorrendo lo stesso binario “conservatorismo” e “nostalgismo” non sono altro che le due facce della stessa medaglia seppure non perfettamente allineate. E a chiarirlo, credo, sia stata proprio la stessa Meloni, quando rivolgendosi ai giovani del suo movimento giovanile che avevano inneggiato “impietosamente” al fascismo e al nazismo, a “Mussolini e Hitler”, ha semplicisticamente detto che nel suo partito non c’è posto per i nostalgici, perché la destra che lei rappresenta è una destra conservatrice, moderata e atlantista.

Conclusioni

Cambiano i nomi dei partiti, cambiano i nomi dei loro leaders, qualche politico cambia casacca passando da un partito all'altro, cambiano i governi, oggi di centro destra ieri formato da coalizioni di centro sinistra e centro destra con un presidente del consiglio non iscritto a nessun partito politico, ancor prima formato da Movimento 5 Stelle e Lega, poi da Movimento 5 Stelle e PD, l'altro ieri da un governo tecnico e così via discorrendo, ma in Italia non cambia mai nulla così come non cambia la filastrocca del fascista e dell'antifascista. Insomma non cambia assolutamente nulla. Sei di destra e ti tirano le pietre, sei di sinistra e ti tirano le pietre. Se sei ricco ti tirano le pietre, se sei povero ti tirano le pietre. Se sei ricco si aprono tutte le porte, se sei povero le trovi sbarrate. Se sei ricco ti curi bene, non fai la fila e puoi godere della tua ricchezza, se sei povero non ti si fila nessuno e non puoi curarti bene, anzi rinunci proprio a curarti altrimenti non ti bastano i soldi per arrivare alla fine del mese. Insomma il ricco si strafoga e si diverte, il povero fa la fame e viene preso a calci nel deretano. La sanità è allo sbando sia che governi il centro sinistra, sia che governi il centro destra. E a farne le spese sono sempre le classi meno abbienti e ancor di più i poveri, quelli veri. Quelli che per campare devono avere il sostegno della Caritas o di altre organizzazioni caritatevoli, del reddito di cittadinanza o del reddito di inclusione. I barconi carichi di migranti di disperati continuano a sbarcare clandestinamente sulle nostre coste e a naufragare. Molti di loro tra, uomini, donne e bambini continuano ad affogare nel mare nostrum e molti tra quelli che riescono a sbarcare finiscono sotto le grinfie delle organizzazioni criminali costretti a spacciare droghe. Altri girovagano per le strade delle città e bivaccano nelle stazioni ferroviarie e nei giardini pubblici creando allarme sociale. Ma si continua imperterriti a parlare di fascisti e antifascisti eludendo i veri problemi. E i governanti, sia di destra che di sinistra, non riescono a trovare l'antidoto per arginare seriamente questa piaga sociale o quantomeno a creare i presupposti per cercare di limitarne i danni. *Insomma, oggi, altri sono i veri problemi nel nostro Paese: salario minimo, pensioni, sanità, super affollamento nelle carceri, giusto per citarne alcuni. E poi ancora:-*

1. ***L'Individualismo:*** *in certe situazioni può essere un vantaggio, ma in ambito sociale è una disgrazia. Gli Italiani*

si comportano sempre come nelle riunioni di condominio, ovvero litigano e non vanno mai d'accordo su quello che dovrebbe essere l'interesse comune da salvaguardare. Questo difetto porta alla non osservanza delle regole sociali e delle leggi. Una volta riguardava più il Sud che il Nord per ragioni storiche, ma adesso riguarda tutto il Paese. L'individualismo che porta a quel sentirsi "furbi", più intelligenti degli altri, in una gara a fregare gli altri e lo stato in cui non si riconoscono. Vi ricordate quando divennero obbligatorie le cinture di sicurezza e metà Italia non le indossava (inutile dire quale metà)? A Napoli mostravano orgogliosi le magliette con disegnata sopra la cintura. E c'erano persino coloro che si cimentavano a dimostrare che si viaggia più sicuri senza cintura.

2. ***LA GIUSTIZIA:*** *perché è lenta ed inefficace. Il risultato è un senso di impunibilità diffuso che porta tanti a sfidare le leggi, sicuri che tanto non succederà nulla. E questo vale in ogni ambito della nostra vita. Perché se un italiano che si reca in Svizzera o in Germania non si sogna di parcheggiare l'auto in seconda fila o di parcheggiarla dove è vietato o riservato agli invalidi, rispetta i limiti di velocità, non butta le cose per terra, raccoglie le cacche del suo cane, fa la fila correttamente, si comporta cioè in maniera civile e rispettosa dei regolamenti e delle leggi? PERCHE' SA CHE SAREBBE SANZIONATO ed anche perché è consapevole che incorrerebbe nella riprovazione degli altri. Lo sapete che il reato di truffa – è solo un esempio – non prevede praticamente la galera? La pena prevista va dai due ai 6 anni, ma praticamente 6 anni non vengono comminati a nessuno perché ci sono sempre le attenuanti oppure è la prima volta che si viene beccati ed allora c'è la condizionale. Ma in ogni caso subentra la prescrizione in quanto a tutti viene dato il diritto dei 3 gradi di giudizio e ci potete scommettere che in 6 anni non si riesce ad essere giudicati ai 3 livelli. E' il solo paese al mondo in cui si può accedere a livello di corte costituzionale per ogni tipo di reato. In Francia, ad esempio, approdano alla Corte Alta soltanto*

qualche centinaio di casi all'anno, da noi sono decine di migliaia. "Summum ius, summa iniuria" dicevano i Latini, per indicare che il massimo del giudizio porta alla massima ingiustizia.

3. ***L'IGNORANZA:*** *ignoranza come risultato di una istruzione scolastica insufficiente, poco severa (tutti promossi), che ci pone (non tutta Italia) nelle ultime posizioni a livello europeo e mondiale. Bocciare uno studente è una impresa per il consiglio di classe, anche se è un asino patentato e ripetere un anno lo aiuterebbe a crescere e a compensare le sue mancanze. I primi ad essere contro le bocciature sono ovviamente i genitori che si ergono a paladini della loro creatura, e si rivolgono al TAR per salvarlo! Poi abbiamo un 30% della popolazione, inclusi ovviamente gli studenti, che non sanno neppure leggere un bugiardino. Ignoranza che porta le persone a credere alle palle che legge su internet, a non far vaccinare i figli, a credere che gli ulivi non vanno tagliati perché c'è una congiura, che la TAP distruggerà il territorio come la TAV, che le multinazionali sono il nemico da combattere e che il lavoro lo troveranno i Navigator come i rabdomanti trovano l'acqua.*
4. ***L'INCERTEZZA DEL DIRITTO:*** *una causa civile può durare 10 anni se va bene. Di fatto il reato andrà prescritto. Con la ragione al 100% posso vincere una causa e vedermi addebitata la parcella dell'avvocato della controparte con ulteriore causa per riavere i soldi dal soccombente. Stessa causa (precisa precisa!) con attori e convenuti diversi, due esiti diametralmente opposti. Un noto criminale non paga il conto del ristorante dove ha organizzato il proprio matrimonio, segue citazione, la causa per prescrizione del reato perché in 6 anni non si è celebrato neanche l'appello. Ho un debito modesto con l'erario, mi viene attaccato il patrimonio. Ho una condanna definitiva al risarcimento allo Stato per aver intascato tangenti, chi se ne fo...e la villa dove abito non è la mia e io sono ospite. Carcere? Io?*
5. ***LE TASSE:*** *quelle italiane non sono tasse sono tecnicamente un furto. Quando lo Stato le chiama imposte allora diventano*

un'appropriazione indebita. Nessuno si metta grilli per la testa che tanto ci hanno già provato a dirlo ma si sono procurati un TSO e qualche cartella esattoriale (cosa molto più grave di un TSO).

6. ***LA SICUREZZA:** se ne parla nei vari talk show delle varie reti televisive (Rai, Mediaset, La 7, Sky, ecc. ecc.). Del tema della sicurezza se ne parla ovunque. Aggressioni, violenze di qualsiasi genere, accoltellamenti, soprattutto nelle stazioni ferroviarie delle Città (Milano, Roma, Napoli, Bologna, Parma, ecc.) o nei loro paraggi sono oramai all'ordine del giorno. Il viaggiatore che è in attesa del treno o che viaggia in treno, che sia uomo o donna, non è più al sicuro specialmente nelle ore serali e notturne. In alcune stazioni la situazione è allarmante e nonostante la presenza delle forze dell'ordine, il traffico di droga non si ferma. Accanto allo spaccio di droga spesso c'è il problema dei borseggi e delle truffe che d'estate con il via vai di turisti ovviamente si intensifica. Il mondo di mezzo di ciò che accade intorno al polo ferroviario è più difficile da gestire perché la fauna umana che ruota intorno alla criminalità va e viene, non ha orari e schemi. Un fenomeno esteso purtroppo in tutta Italia, dove gli snodi ferroviari nelle ore serali e di notte si trasformano sempre più spesso in far west anche a causa della carenza di forze dell'ordine sul territorio. Uno Stato, un qualsiasi Stato, che abbia un governo di destra o un governo di sinistra deve garantire la sicurezza ai propri cittadini e lo deve fare a qualsiasi costo, anche usando la violenza purché sia proporzionata all'offesa. Bande di baby gang, sudamericani, extracomunitari sbandati, italiani di seconda generazione, violentatori, borseggiatori, truffatori, rapinatori e così via discorrendo non possono e non devono tenere sotto scacco uno Stato. E poi non ci si deve scandalizzare se la donna di Viareggio, che sicuramente versava in uno stato di forte emotività e di profondo choc per l'aggressione subita, abbia deliberatamente investito per bloccarlo, cagionando volontariamente o involontariamente la morte dell'extracomunitario, pregiudicato, che poco prima*

l'aveva aggredita, minacciata con un coltello e rapinata della sua borsa. Personalmente non mi sento di giudicare il gesto della signora, né di giustificarlo, né di esaltarlo come hanno fatto in molti sui social, ma se quel criminale anziché girovagare per le strade commettendo rapine a mano armata contro ignari passanti, visto che era già gravato da diversi pregiudizi penali si fosse trovato in carcere a espiare le sue pene o fosse stato rimpatriato nel suo paese di origine tutto questo forse non sarebbe accaduto. In questo caso è lo Stato che deve fare il mea culpa e a seguire anche e soprattutto la Giustizia!!!Ma è anche la politica, sia di destra che di sinistra, che deve fare il mea culpa perché evidentemente non fa abbastanza per fronteggiare situazioni del genere e proteggere il popolo. Lo Stato non può e non deve soccombere, così come non dovrebbero esistere zone franche per questo tipo di criminalità. Il cittadino, sia di giorno, sia di sera che di notte deve essere libero di circolare per le strade delle proprie città senza che balordi e feccia umana minaccino la loro integrità fisica e per raggiungere questo obiettivo occorrono leggi speciali in grado di tutelare innanzitutto le forze di polizia e autorizzarle a intervenire anche con metodi forti, senza che paradossalmente incorrano nelle grinfie della Giustizia, magari per avere sferrato un colpo di manganello in più contro il delinquente. Obiettivi sensibili come le stazioni ferroviarie, aeroporti, porti, giardini pubblici frequentati da spacciatori e criminali di qualsiasi specie, periferie, ecc. andrebbero vigilati da pattuglioni di polizia e dell'Esercito in assetto di guerra e da personale addestrato e deciso e forse qualcosa di positivo potrebbe essere raggiunto e i delinquenti assicurati alla giustizia e nelle patrie galere con l'espulsione dei clandestini pericolosi. Probabilmente a qualche radical chic tutto questo non potrebbe piacere, ma purtroppo la risposta verso i delinquenti violenti, sia che si tratti di italiani o di extracomunitari, dovrebbe essere commisurata al tipo di comportamento mostrato, senza porgere l'altra guancia ed evitando qualsiasi crudeltà gratuita e inutili torture. Perché in fondo il braccio armato dello Stato deve agire con fermezza solo per assicurare la libera circolazione del cittadino e proteggerlo dal male. Chissà, forse se l'attuale governo fosse stato per davvero un governo di fascisti o di nazifascisti, così come qualche anima di estrema sinistra va predicando o vorrebbe far credere, già da tempo avremmo assistito a una lunga serie di deportazioni, ma per fortuna a dimostrazione che non è così sono i fatti reali a ricordarcelo.

7. ***E poi ancora:*** *occupazione abusive di case, personale sanitario di pronto soccorso e ambulatori malmenati da parenti di pazienti senza alcuna garanzia di sicurezza, la mancanza di senso civico e di rispetto per il prossimo che si traducono in menefreghismo e cattiveria oltre che ignoranza ed ineducazione; la mentalità mafiosa che ci rende incapaci di considerare l'interesse generale; una classe imprenditoriale bananiera che ancora aspetta le commesse di Stato e ha l'orticaria verso l'economia di mercato; una classe dirigente clientelare (mafiosa) che è indolente rispetto ai doveri e incapace di assumersi la responsabilità delle scelte; una classe politica altrettanto clientelare (mafiosa) che premia la fedeltà a detrimento del merito e della capacità; la burocrazia, le troppe leggi, il calo demografico, l'invecchiamento della popolazione, la mancanza di capacità manageriali livello privato e pubblico, la mancanza di un piano strategico di lungo periodo (politico/economico), la mancanza di meritocrazia, sia nel pubblico, che è drammatica, ma anche nel privato, conseguenza della mancanza di managerialità, la cultura mafiosa (da non confondere con l'organizzazione mafiosa), la corruzione, la disoccupazione, la mancata redistribuzione della ricchezza. La ricchezza da decenni va concentrandosi nelle mani di una minoranza di "paperoni". Ciò produce un danno terribile, perché a fronte di questo accentramento ampie fasce di popolazione vedono arretrare le loro condizioni di benessere, quindi si riduce la Domanda Aggregata e diminuisce il Pil e aumenta il rapporto Debito/Pil, eccetera eccetera. Insomma, il ricco diventa sempre più ricco, il*

povero sempre più povero, a meno che non abbia una botta di culo che gli permetta di vincere un bel gratta e vinci o un superenalotto milionario!!
E per concludere, riallacciandoci al tema del libro, personalmente non vedo all'orizzonte avvisaglie di una possibile deriva fascista!!! Vedo la solita e classica politica italiana, oggi governo io e godo, domani governi tu e godi. Oggi governa il centro destra e per il centro sinistra nulla va bene. Domani governa il centro sinistra e per il centro destra nulla va bene. Qualsiasi cosa anche se positiva fatta oggi dal centro destra (esempio aumento dei posti di lavoro) viene criticata dal centro sinistra che a sua volta, anche se fa cose buone, viene criticato dal centro destra. Sempre la stessa litania. Nomine e incarichi agli amici e ai fedelissimi di partito a prescindere dal loro grado di preparazione. Ma rimane sempre e comunque fermo il fatto che questi signorini di centro destra e di centro sinistra grazie ai loro stipendi alti conducono una bella vita senza mai preoccuparsi di come fare per pagare le bollette della luce, del gas, dell'acqua e di come curarsi e mangiare bene a differenza delle classi sociali poco abbienti che devono faticare e non poco per sbarcare il lunario e soprattutto per curarsi!!
Il fascismo di cui parlano alcuni esponenti delle sinistre estreme e radical chic, in Italia è morto con la dipartita del suo fondatore e piccole frange di suoi devoti fedelissimi non costituiscono e non costituiranno mai un serio pericolo per nessuno, perché la società è cambiata, la gente è cambiata, i giovani sono cambiati, perché quegli anni saranno e resteranno soltanto un triste ricordo del passato e niente di più. Io sono antifascista e sono fiero di esserlo e mi piace ascoltare "Bella Ciao", ma oggi non ha senso essere antifascista, perché il fascismo non esiste e se esiste è un fascismo invisibile che non fa del male a nessuno!!!

BIOGRAFIA
DOMENICO CAVALCA

Domenico Cavalca, abruzzese di adozione, è nato a Ribera, località dell'agrigentino nota come "la città delle arance", che diede i natali allo statista Francesco Crispi. Dopo la Maturità Magistrale ha conseguito la Laurea in Scienze Politiche, la Laurea specialistica in Politiche Pubbliche e Scienze di Governo, il master universitario in Sicurezza e Criminologia, il Diploma di Qualifica Professionale per "Operatore dei Servizi Sociali", il Diploma di Qualifica Professionale per "Operatore dell'Impresa Turistica", il Diploma di Qualifica Professionale per "Operatore per le Telecomunicazioni". Ha frequentato molti corsi di giornalismo investigativo e professionali. E' criminologo e criminalista professionista, regolarmente iscritto all'Associazione Nazionale Criminologi e Criminalisti (ANCRIM). E' anche autore del libro giallo horror dal titolo **"Il Monastero"** edito da Lupieditore e del libro giallo dal titolo **"Il Tocco della strega"** edito da Lupieditore.

Se il libro TI E' PIACIUTO regalaci una recensione a 5 stelle, a te costa poco ma per chi scrive e pubblica un libro vuol dire molto. Consiglialo ai tuoi amici, regalalo e fallo conoscere, **donerai alle persone le parole che in quel momento vogliono sentire.**

Se il libro non ti è piaciuto, non lasciare recensioni negative ma scrivi all'editore cosa non ti è piaciuto e perché, ci aiuterai a migliorare, per cercare di darti sempre il meglio, e inoltre aiuterai l'autore a crescere.

Il mondo cambia grazie a piccoli gesti.

Diventa parte fondamentale insieme a noi di questo grande cambiamento!

Jacopo Lupi Editore

Mail

lupijacopo@gmail.com

Whatsapp

3452294411

Scopri il libro

L'altra metà di Giove
Di Mariateresa Rossini & Jacopo Lupi

Scopri il libro di LAMPO E TUONO!
Per ogni copia acquistata pianterai un albero da frutto!

Scopri il libro di MAMMA ORSA!
Per ogni copia acquistata pianterai un albero da frutto!

Ass. Cult. Antico Borgo

Mamma Orsa
La favola di Amarena e dei suoi cuccioli
a Villalago

Lupieditore

www.ingramcontent.com/pod-product-compliance
Lightning Source LLC
Chambersburg PA
CBHW051310250726
48656CB00004B/1581
* 9 7 9 8 3 0 2 0 5 5 6 0 6 *